Kleinmöbel
Typen, Technik, Stile

Margot Brauch

Kleinmöbel
Typen, Technik, Stile

PRISMA

Antiquitäten International
Herausgeber: Dr. Albrecht Bangert
Redaktion: Hartmut Panskus
Gestaltung: Joerk Reitz
Herstellung: Tillmann Roeder
Druck und Bindung:
Georg Appl, Wemding

Sonderausgabe für
Prisma Verlag GmbH, Gütersloh 1985

ISBN 3-570-15537-4

1 Biedermeiermöbel von links nach
rechts: Wandschirm,
Süddeutschland, um 1825.
Nähtischchen, Süddeutschland, um
1825, aufklappbare Platte mit Stoff-
beutel für Nähutensilien.
Kleiner Gelegenheitstisch, Süd-
deutschland, um 1830, aufklappbare
Platte mit reich ausgestatteter Innen-
aufteilung.
Alle Möbeltypen lehnen sich stark an
Sheratons Entwurfssammlung an.

Inhalt

Die Idee des Kleinmöbels

Um 1775 hatte in Paris ein Schreinermeister seinen größten Erfolg damit, daß er Utensilien aus dem täglichen Leben »zum Greifen nahe« als Verzierung auf seinen kleinen Damensekretären darstellte. Diese Kaffeetassen, Spielkarten, Bücher, Blumenvasen und Schreibutensilien in naturgetreuer Größe waren nicht nur ein modischer Gag, sondern Ausdruck einer neuen Einstellung zum Möbel.

Es beweist, daß ein Möbel nicht mehr, wie in den vorausgegangenen Jahrhunderten, in erster Linie Repräsentationsaufgaben zu erfüllen hatte, sondern zu einem Zierstück geworden war, das zum Schreiben, Lesen, Handarbeiten oder als Ablage diente. In erster Linie aber waren diese neuen Kleinmöbel attraktive Akzente in einer wohnlichen Umgebung.

Daß in den Marketerien (Einlegearbeiten), wie unser Beispiel zeigt, gebräuchliche Gegenstände wie Kaffee- und Teetassen in natürlicher Größe erscheinen, mag

2 Kleiner Damenschreibsekretär, Bonheur du Jour, von Charles Topino (Zuschreibung), franz., nach 1770. Kaffeetassen, Vasen, Bücher und Spielkarten sind in natürlicher Größe in den Marketerien abgebildet. Vorbild für diese naturalistischen Darstellungen waren asiatische Lackarbeiten.

8

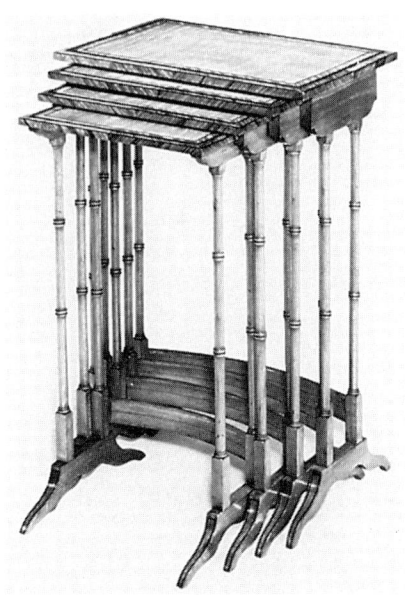

3 Quartetto-Tables, England, um 1790
(George III).
Satinholz, Tulpenholzfurnier und dünne
Bänder aus Ebenholz. Die Tischbeine
sind rund gedrechselt. In der Form und
Konzeption sind diese Satztische direkt
aus Sheratons »Dictionary« über-
nommen worden.

4 Quartetto-Tables aus Sheratons
Mustersammlung »The Cabinet
Dictionary«.

dem sensiblen Leser vermitteln,
wie sehr seit Mitte des 18. Jahrhunderts ein Wandel eingetreten
ist. Vergleicht man die großen
Renaissancetruhen, die unbeweg-
lichen Barockschränke mit dem
im Rokoko (Mitte des 18. Jahrhunderts) entstandenen, leichten
flexiblen Möbeltypus, so wird ein
Gesinnungswandel deutlich und
man erhält einen Eindruck über
das Thema dieses Buches.

Im 18. Jahrhundert gilt dies
nicht nur für Frankreich, sondern
auch für alle übrigen Länder. So
hat es in der Tendenz eine ähnliche Entwicklung in England gegeben, die allerdings formal zu
ganz anderen Ergebnissen geführt hat. Man kann sogar feststellen, daß man sich in der Ent-
wicklungsgeschichte des Kleinmöbels in Frankreich und England im späteren 18. Jahrhundert
gegenseitig angeregt hat. Die
Kunstschreiner suchten nach immer neuen Variationen und Formen für die kleinen und praktischen Möbel.

Die Umstellung auf jenen praktischen und zierlichen Möbeltyp
war die Folge neuer Lebens- und
Wohngewohnheiten. Historisch
gesehen mag dazu »offiziell« vom
Königshaus in Frankreich der
Schritt gewagt worden sein, näm-
lich als man dazu überging, die
Prunkräume zu verkleinern oder
sich anstelle der repräsentativen
Schlösser mit großen Hallen und
Staatsräumen kleine Luxus-
schlösser zu bauen, die im modernen Sinne »bewohnbar« waren.

Rationale Erwägungen spielten
damals sicher keine unwichtige
Rolle, denn diese neue Mode kam
auch wärmetechnisch dem Be-
wohner entgegen: Gut heizbare
kleine Räume verbesserten den
Wohnkomfort, und um diesen
Wohnkomfort ging es, als man im
18. Jahrhundert die Geselligkeit
beim Kartenspiel, die Teestunde
im kleinen Kreise, die Plauder-
stunde bei der Handarbeit oder
die Politik im Boudoir entdeckte.

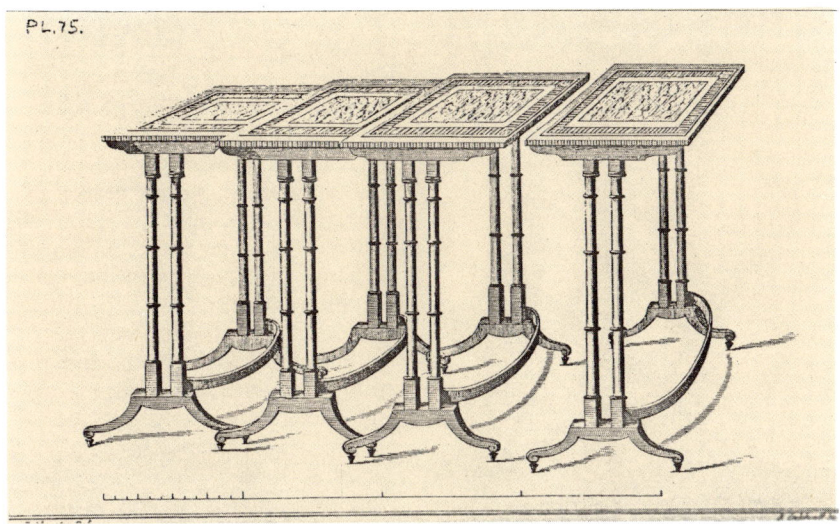

PL.75.

Rationale Gründe waren es vor allen Dingen auch in England, die dort zur Entwicklung höchst praktischer Kleinmöbeltypen führten, eine Entwicklung, die in den Empfehlungen und Traktaten des Thomas Sheraton (1751–1806) gipfelten. Sheraton hatte in seinen Abhandlungen die Erfahrung des Möbelbaus gegen Ende des 18. Jahrhunderts genialisch zusammengefaßt und gleichzeitig ein richtungsweisendes Werk für Schreiner und Innenarchitekten für das 19. Jahrhundert geschaffen. Beachtung fand Sheraton, weil er analytisch und rational das Wesen, die Funktion und Form eines jeden Möbeltyps klar gemacht hat. Sheraton ist es zu verdanken, daß gerade das Kleinmöbel eine so klar formulierte Entwicklung nahm. In ganz modernem Sinne hat er zunächst die Aufgaben eines Möbels umrissen und versucht, eine möglichst klare, rationale Lösung anzubieten: bei ihm gibt es keine Form, die nicht in der Funktion begründet lag.

Zur Definition

Nicht jedes Möbel, das klein ist, sollte man als Kleinmöbel bezeichnen. Es gibt zum Beispiel viele Möbel aus der Barockzeit, die von den Massen her nicht groß sind, aber vom Anspruch her und im Detail monumental wirken. Um die Bezeichnung »Kleinmöbel« zu rechtfertigen, muß ein Möbelstück einen bestimmten Charakter haben. Zur Definition hilft sicher der englische Begriff »occasional furniture« weiter, denn in der Tat sollte ein Kleinmöbel ein »Gelegenheitsmöbel« sein: also ein Möbel außerhalb der lebenswichtigen Funktionen wie Schlafen, Essen,

5 Bronzeklapptisch, römisch, 3.Jahr-
hundert n. Chr.
Kopien und Abwandlungen dieser
Tischform kamen nach der Ausgrabung von Pompeji wieder in Mode.

Sitzen. Läßt man die Funktionen
der gebräuchlichsten Kleinmöbel
Revue passieren, so zeigt sich,
daß sie Ausdruck eines zivilisier-
ten Wohnens sind.
Das Kartenspiel im kleinen
Kreis, das Lesen oder Schreiben
eines Buches, die Hausmusik
(Notenständer und Notenpult),
das Rauchen, die Handarbeit, die
Teestunde oder der »stumme Diener« beim Essen sind Aufgaben
und Situationen, die diesem neu-
en Möbeltyp zugrunde liegen. Die

Aufzählung dieser Funktionsbe-
reiche macht deutlich, daß ein
Kleinmöbel von seiner Mission
her eine komfortable Ergänzung
zu dem die Grundbedürfnisse (Essen, Schlafen, Sitzen) deckenden
Möbel darstellt. Neben diesen
aus den Ansprüchen des kulti-
vierten Wohnens im 18. Jahrhundert neu entstandenen Möbeltypen gibt es zahlreiche Ideen aus
anderen Kulturbereichen, die
noch im 18. Jahrhundert und
später wieder als Anregung auf-
genommen oder einfach weiter-
entwickelt wurden.
Zu einer besonderen Möbelgat-
tung hatte sich z. B. seit Jahrhunderten das Reisemöbel entwickelt, ein im wahrsten Sinne
des Wortes »mobiles« Möbel, das
man in Einzelteile zerlegen und
mitnehmen konnte. Dies war
schon damals nötig, als die Herr-
scher in Sommer- und Winterresi-
denzen lebten, auch, wenn sie
Landinspektionen machten oder
am Krieg »teilnahmen«. Zu dem
einfachsten Typ zählt das in Ostasien weit verbreitete Truhen-
möbel – ein Kasten mit Griffen,
der leicht verstaut und transportiert werden konnte, mit dazuge-
hörigem Untergestell. Diese
Ideen wurden, wie die Abbildung
7/8 zeigt, auch in Europa aufge-
nommen und perfekt ausgeführt.
Der Aufsatz des hier gezeigten
Toilettentischs kann wie eine

6 Französisches Interieur.
Das als Toiletten- und Schreibtischchen verwendbare Kleinmöbel ist eine
typische Schöpfung des 18. Jahrhunderts.

12

7/8 Dressing Box, englisch, drittes Viertel des 18. Jahrhunderts. Ähnlich wie bei asiatischen Reisemöbeln läßt sich der Kasten mit seinen silbernen Tragegriffen auf ein passendes Untergestell setzen.

richtungen von Reisemöbeln regten zahlreiche Konstrukteure an, für die wieder in Mode gekommenen Kleinmöbel allerhand Mechanisches oder Verstellbares zu erfinden.
Sogar die feste Anbringung von Trag- und Haltegriffen wurde bei einigen Kleinmöbeln direkt übernommen. Man findet sie an kleinen Beistelltischen, die in der Wohnung je nach Bedarf herumgetragen werden konnten. In diese Kategorie der praktischen Ideen gehören auch jene Möbel, die man ineinander verschachteln kann. Am bekanntesten und beliebtesten aus dieser Gruppe sind die sogenannten »Satztische«, kleine Gelegenheitstische, die man so ineinanderschieben kann, daß sie nur den Platz eines einzi-

Truhe an den Griffen gehoben und leicht transportiert werden. Selbst das Untergestell war oft in alle Einzelteile zerlegbar, so daß das ganze Möbel gleichzeitig eine Transportkiste darstellte, in die sogar die Beine einzeln eingepackt werden konnten, ähnlich wie Stativ und Kamerakasten bei einer alten Plattenkamera. Derartige Konstruktionen gab es auch für Betten, Tische, Schränke und Stühle. Klappbare Eingen einnehmen. Bei Bedarf jedoch können gleich vier Tische zur Verfügung stehen. Ein weiteres Grundprinzip, das es ebenfalls beim Reisemöbel gibt, sind die zahlreichen Klappvorrichtungen von sogenannten Klapptischen, die man bei Bedarf vergrößern kann. Hier gibt es in der Geschichte des Möbels die merkwürdigsten »Wundertische«, von denen für die Entwicklung des Kleinmöbels mit Sicherheit der in England erfundene »Gate Leg Table« wichtig geworden ist. »Gate Leg« heißt soviel wie »Tor-Bein«, was die Konstruktion sehr gut beschreibt, denn bei diesem Tisch lassen sich rahmenartig links und rechts zwei zusätzliche Beine herausklappen, die dann die klappbare Tischplatte stützen. Falt- und Klapptische gab es schon vor der großen Zeit der Kleinmöbel in nahezu allen Ländern und Variationen, sie fanden ihre komplizierteste und ausgereifteste Form in dem späten 18. Jahrhundert, als es sogar die Berufsbezeichnung des »mécanisien de meuble« – Möbelmechanikers – gab, der jene Falt-, Klapp- und Ausziehkonstruktionen entwickelte und auch ausführte. Dieser Beruf kam bisweilen einem Uhrmacher gleich, denn die Konstruktion von Schnappverschlüssen, Gelenken und über Zahnräder laufende Mechanismen (Bild 54/55) erforderte ein volles Ingenieurwissen. Ein anderes Patent, das hauptsächlich um 1800 und später wieder die Konstrukteure von Kleinmöbeln anregte, kam aus dem alten Rom. Die Römer hatten aus Bronze sogenannte Dreifüße hergestellt, die als Stellage für Opfergeräte dienten. Als man 1750 begann, Pompeji auszugraben, kamen diese antiken Kleinmöbel wieder in Mode. Man baute sie vor allen Dingen in England und Frankreich nach und entwickelte nach diesem Vorbild zahlreiche Variationen.

Selbst diese wenigen, hier aufgeführten Beispiele zeigen, wie interessant und erfindungsreich gerade diese Gattung Möbel ist, obwohl diesem Phänomen in der bisherigen Möbelliteratur so wenig Interesse entgegengebracht wurde.

Das Sammeln von Kleinmöbeln

Das Sammeln kleiner, preziöser Möbel war im 18. Jahrhundert schon eine der teuersten Leidenschaften. Aus Rechnungen weiß man, daß Stücke mit kompliziertem Mechanismus und guter Herkunft nach damaliger Währung bereits ein Vermögen gekostet haben und über Kunstagenten an die Aristokratie und die Bankiers vermittelt wurden. Dabei dürfte nicht alleine die Kunstsinnigkeit eine Rolle gespielt haben. Ausschlaggebend dürften finanzielle Spekulationen gewesen sein, denn nach den Erfahrungen vieler Kriege hatte man im 18. Jahrhundert das Vertrauen in den Geldkurs verloren und fürchtete nichts mehr als die Inflation. So wurden gerade die teuren, kleinen

9 Biedermeier-Interieur, Deutschland, 1810.
Da das Biedermeier eine einfache und praktische Gesinnung vertritt, greift es auf die englischen Kleinmöbel des 18. Jahrhunderts – und hier vor allen Dingen auf Sheraton – zurück.

Kunstwerk als Investment geboren und man investierte möglichst in »handliche« Kunstobjekte. Die Revolutionsjahre haben dieser Spekulation dann auch recht gegeben, denn, wie wir aus zeitgenössischen Dokumenten wissen, haben viele Flüchtlinge ihre »kleinen Kunstinvestitionen« mit ins Exil genommen und konnten dort von ihrer »Habe« rechtschaffen leben. Auf diese Weise gelangten die besten Beispiele der französischen Kleinmöbelproduktion in englische Sammlungen, wo sie heute – wie in der Wallace Collection – zeigen, was es mit dem »höfischen Luxus im kleinen Maßstab« auf sich hatte. Manche dieser Wundermöbel sind so klein, daß man sie im Reisegepäck mitnehmen konnte. Den mechanischen Tisch (Bild 54/55) kann man mit seinen 80 x 40 x 33 cm (!) »unter den Arm« nehmen. Als Investment galten diese Möbel auch im 19. Jahrhundert, wo Bankiers große Sammlungen anlegten. Von heute ganz zu schweigen, wo sechsstellige Spitzenpreise für qualitätvolle Exemplare des 18. Jahrhunderts bezahlt werden.

10 Art-Déco-Interieur, Frankreich.
Dieses im Jahre 1925 in der Zeitschrift »Illustration« veröffentlichte Boudoir von Emile-Jacques Ruhlmann zeigt deutlich, wie auch im Art Déco auf Möbelformen des 18. Jahrhunderts zurückgegriffen wurde.
Neben den grazilen Damensekretären und kleinen Gelegenheitstischen erlebt vor allen Dingen die Coiffeuse, der kleine elegante Frisiertisch des 18. Jahrhunderts in den zwanziger Jahren seine Wiederentdeckung und stilistische Vervollkommnung.

Möbel beliebte Anlageobjekte für Leute mit Geld.
Nach einer Inflation 1720 war in Frankreich das Vertrauen in Geldwerte und Finanzpolitik völlig geschwunden. Gleichzeitig wurde das Bewußtsein vom

Kleinmöbel im Louis-XV-Stil

Die Louis-XV-Epoche zählt zu den Höhepunkten der europäischen Möbelgeschichte. Von einem Höhepunkt kann man hier gleich in mehrfacher Beziehung sprechen:

1. Die Kunst der Möbelschreinerei erreichte mit dem Louis-XV-Stil ihren künstlerischen wie auch technischen Höhepunkt.
2. Noch nie haben sich Formgebung und Technik eines Möbels so im Einklang befunden und noch nie wurden praktischere Möbel, die gleichzeitig von unübertroffener Eleganz waren, verwirklicht.

Der sogenannte Louis-XV-Stil deckt sich, wie der darauffolgende Louis XVI (Seize), als Stilbezeichnung nicht genau mit der Regierungszeit der Könige. Diese Regenten haben zwar entscheidend zur Förderung und Verbreitung der Stile beigetragen, sie jedoch nicht wie ein Regierungsprogramm verkündet. Der Wohn- und Einrichtungsstil »Louis XV« fiel zwischen die Jahre 1730 bis 1760, während die Regierungszeit 1715 begann und 1771 endete.

In dieser Zeit, die man in Deutschland mit Rokoko bezeichnet, entstanden Bauten wie Schloß Sancoussi nach 1745 in Potsdam, die Amalienburg 1734/ 1739 in München und die attraktiven bayerischen Rokokokirchen. In Frankreich war es die Zeit der Maîtressen, wo Frauen wie die Pompadour und die Madame Dubarry die Richtlinien der Mode und der Kunst bestimmten. Gleichzeitig war es die Zeit der ländlichen Lusthäuser, der luxuriösen Stadthäuser, in Paris »hôtels« genannt. Vergessen waren die großen Barocksäle – sie wurden durch wohnliche Luxusappartements ersetzt.

Seide, Brokate, Damaste, Samt, Taft und alles, was einen schillernden Glanz hatte, bestimmten den femininen und sinnenhaften Einrichtungsstil. Sogar die Gemälde hatten changierende Farben, Pastelltöne und einen silbernen Schimmer. Im Gewande des Schäfers gab man sich unbekümmert dem erotischen Abenteuer hin und entdeckte die Annehmlichkeiten eines idyllischen, ländlichen Lebens. Diese Einstellung und vor allen Dingen die Fähigkeit zum sinnlichen Genuß hatte auch ihre Auswirkung auf die Möbelkunst. So, wie man als

11 Eine Seite aus André Roubos Traktat »L'Art du Menuisier«, Band 3, Paris, 1772.
In einer sechsbändigen Abhandlung beschreibt Roubo alle Bereiche der Tischlerei. In Band 3 beschäftigt er sich mit den Problemen der Marketerie, angefangen vom Schnitt des Holzes und der damit verbundenen Maserung der Furniere, dem Zuschnitt der Muster, den Problemen der Verleimung der Furniere auf den geschwungenen Untergründen bis zu den Möglichkeiten der Nachbearbeitung der bereits aufgeleimten Furniere.

MANIERE DE PREPARER LES ORNEMENTS DE MARQUETERIE.   Pl. 299.

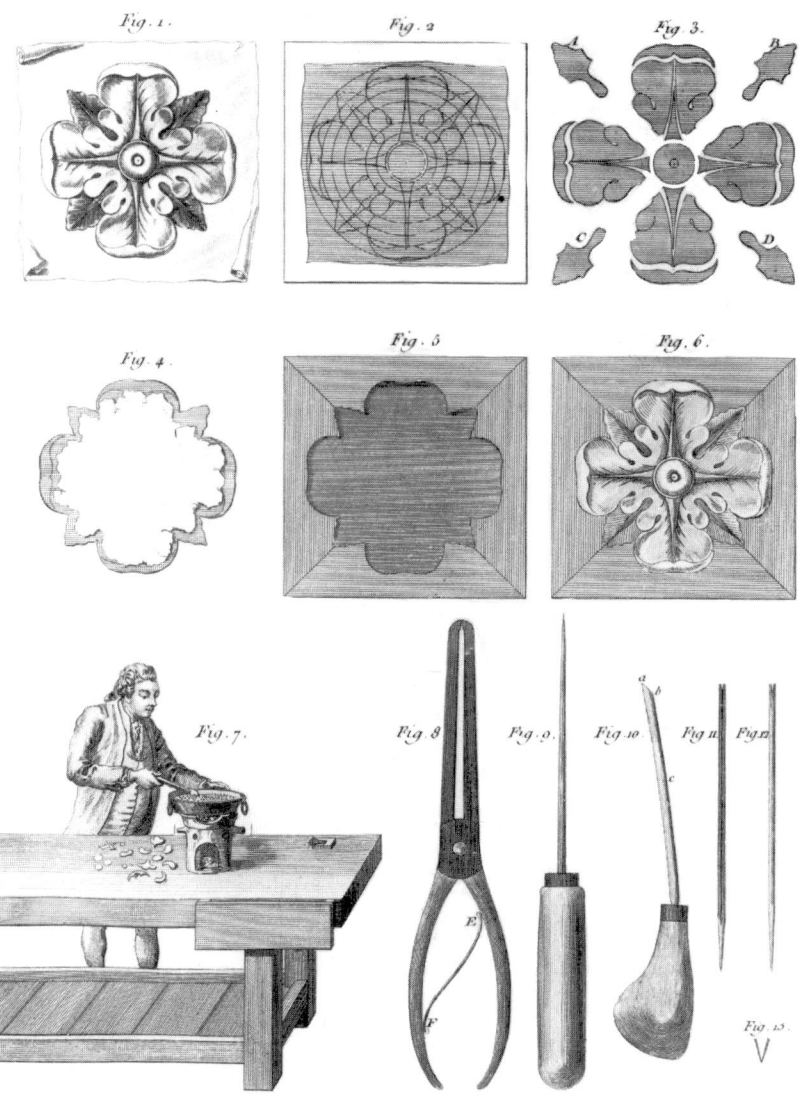

Fig. 1.

Fig. 2

Fig. 3.

Fig. 4.

Fig. 5

Fig. 6.

Fig. 7.

Fig. 8

Fig. 9.

Fig. 10.

Fig. 11

Fig. 12

Fig. 13.

J. Roubo Inv. Del. et Sculp.

12 Beschlag eines Schubladenschlosses aus ziselierter, feuervergoldeter Bronze, die man im englischen Sprachgebrauch Ormolu, abgeleitet von dem französischen »Dorer d'or moulu«, und in Frankreich »Bronze doré« nennt. Für die Formen wurden Wachsmodelle, die man mit Ton bedeckte, verwendet. Beim Herausschmelzen des Wachses erhielt man dann eine mit dem Modell identische Gußform. Das gegossene Stück wurde anschließend ziseliert und mit einer Quecksilber-Gold-Lösung bestrichen. Durch Verdampfen des Quecksilbers über Feuer verband sich das Gold mit der Bronze.

13 Beschlag von der äußeren Kante. Bronzebeschläge an diesen Stellen hatten auch praktischen Nutzen: Sie sollten die Kommode schützen.

14 Marketeriedetail aus verschiedenen Edelhölzern.

Schäferpaar verkleidet die Erotik neu zu entdecken glaubte, von munteren Amouretten begleitet eine Landpartie unternahm, suchte man auch in Möbelstükken nach einem sinnlichen und stofflichen Reiz.

Damit war die organische Form gefunden: Das ideale Rokoko-Möbel wirkte wie aus einer homogenen Masse plastisch modelliert, sphärisch geschwungen und organisch. Die Fußkappe, die das Möbelstück »sanft auftreten« läßt, die Schwingungen der Beine bis zu den Blumengebilden in den Tischplatten und den Beschlägen der Schubladenschlösser wirken wie aus einem Guß. Jener architektonische Charakter, der bisher ein Renaissance- oder Barockmöbel ausgezeichnet hatte, war einer neuen, grazileren Linienführung geopfert worden: Schwung und Gegenschwung, geschickt asymmetrisch angeordnet, setzten jedes bis dahin maßgebliche Kompositionsprinzip außer Kraft. Der Höhepunkt der Geschmackskultur im Rokoko um die Mitte des 18. Jahrhunderts bleibt auch nach heutigen Maßstäben als große Leistung bestehen. Die bedeutendsten Möbel dieser Zeit waren mehr als nur eine Laune der Mode. Technisch gesehen stellte diese Periode die Überwindung aller Schwierigkeiten dar, ästhetisch gesehen eine Befreiung aus jeglicher Konvention, die in diesem Ausmaß höchstens noch einmal im Jugendstil für einen Zeitraum von ganz wenigen Jahren stattfand.

Die neuen Aufgaben erforderten einen neuen schöpferischen Möbelgestalter, der nicht nur Bretter zurechtsägen, verleimen und gegebenenfalls schnitzen konnte, sondern auch dreidimensionale Krümmungen und Schwingungen in Holz zu übertragen verstand und diese Möbel noch zusätzlich mit feinsten Furnieren überziehen konnte. Jene hochqualifizierten Möbelbauer nannte man in Frankreich Ebenisten, im Gegensatz zum Menuisier, dem es vorbehalten war, Stühle, Betten und andere unfurnierte, also nur geschnitzte Möbelteile herzustellen. Schon die Bezeichnung »Ebenist« wies auf sein besonderes Tätigkeitsfeld hin. Diese Bezeichnung ist vom Ebenholz abgeleitet, auf das bereits seit dem späten 17. Jahrhundert Furnierschichten zur Veredelung aufgeleimt wurden. Die Bezeichnung ist bis heute bestehen geblieben, obwohl man bereits zur Rokokozeit (!) dazu übergegangen war, als Grundmaterial einheimische Harthölzer wie Eichenholz zu verwenden.

Die Möbelgeschichte des Rokostils und des mehr zum Klassizismus tendierenden Louis-XVI-Stils war daher weitgehend eine Leistung des Ebenisten, ein kontinental-europäisches Phänomen, denn die meisten der Ebenisten kamen aus Deutschland, sehr viele aus Holland und nur sehr wenige aus Frankreich. So stammt der Pariser Schreiner Roger van der Cruse (1728–1799) ursprünglich aus Holland. Sein Vater war zu

15/16 Kleiner Damenschreibtisch,
Table à Ecrire von Jean-François
Oeben (um 1720–1763), Frankreich,
um 1760.
Die mit einer Metalleiste eingefaßte,
obere Tischplatte läßt sich zurückschieben. Wenn man die als Schublade
ausgearbeitete Zarge ebenfalls nach
vorne zieht, kann man die Ablagefläche verdoppeln. Zusätzlich ist aus
dem mittleren Teil der Schublade ein
Pult zum Lesen herauszuklappen, so

wie die Deckplatten rechts und links
als Ablageflächen benutzt werden kön-
nen. Oeben gehört zu den größten
Meistern der Möbelmechanik im 18.
Jahrhundert.
Die Marketerien auf allen Holzflächen
geben das gesamte Repertoire des
Louis-XV-Stils wieder:
Fondmuster, Blumendarstellungen so-
wie Ornamente, die die geschwungene
Form des Möbels noch unterstreichen.

Beginn des Jahrhunderts nach Paris gekommen und arbeitete in der sogenannten »Ebenisten-Straße« Rue Faubourg-St. Antoine in Paris, die hinter der Bastille gelegen ist. Dort wohnten auch die Holländer Dautriche und van Risenburgh. Wenn van der Cruse seine Möbel später mit »de la Croix« oder »Lacroix« stempelte, so weist das auf eine Übersetzung seines Namens ins Französische hin.

Noch merkwürdiger sind die Lebenswege der deutschen »Maître-ébéniste«. Der berühmte Jean Henri Riesener (1734–1806) kam aus Gladbeck bei Essen, sein Vorgänger als »Ebéniste du Roi«, Jean François Oeben (um 1720 bis 1763), war Sohn eines Postmeisters in Unterfranken, Adam Weisweiler (geboren um 1750) kam aus Neuwied am Rhein und hatte dort sein Handwerk bei David Roentgen gelernt, und von dem preziösen Meister Martin Carlin (gestorben

1785) vermutet man, daß er aus Freiburg stammt. Auch Ebenistennamen wie Schwertfeger, Benemann und Baumhauer scheinen deutscher Herkunft gewesen zu sein. Der Familienbetrieb Roentgen aus Neuwied am Rhein hatte sowohl in Paris wie auch in Sankt Petersburg zusätzliche Verkaufsniederlassungen, außerdem königliche und kaiserliche Privilegien.

Wirtschaftlich gesehen waren die Kunstschreiner an Zunftvorschriften gebunden; eine Befreiung davon konnte ausschließlich durch königliche Privilegien erfolgen. Nur über die Zunft war es möglich, zum »Maître-ébéniste« zu avancieren, doch wurde dafür gesorgt, daß in Paris z. B. nicht mehr als tausend Meistertitel vergeben werden konnten. Den Meistertitel erhielt man nach einer etwa sechsjährigen Lehrzeit und einer Gesellenzeit von mindestens drei Jahren, wenn man in Paris ausgebildet wurde, und bis zu sechs Jahren, wenn man von außerhalb kam. Heiratete ein Geselle eine Meisterswitwe, erhielt er automatisch den Meistertitel. Die Zunft der Menuisiers / Ebénistes war von mittelalterlichem Kastengeist bestimmt, verstand sich als soziales Gefüge und übernahm als Selbstorganisation Kosten und andere Verpflichtungen. Zum Reglement der Zunft gehörte die Stempelpflicht, nach der ab 1743 jeder Meister seine Arbeiten mit einem eisernen Schlag-Stempel markieren mußte. Dieser Pflicht unterlagen auch Reparaturarbeiten. Lediglich Arbeiten, die direkt im Auftrag für die Krone oder von den berühmten »Ebénistes du Roi« ausgeführt wurden, waren dieser Zeichnungspflicht enthoben.

Diese meist an nicht sichtbarer Stelle angebrachten Stempel ermöglichten es der Wissenschaft, vieles über die Ebenisten und ihre Arbeitsweise zu erfahren. Stempel dienten damals wie heute der Identifizierung und sind nicht, wie man meinen möchte, als Signatur zu verstehen. Offen signierte Möbel, die es im Jugendstil sehr häufig gibt, sind im Rokoko äußerst selten und beweisen, daß sich der Kunsthandwerker in erster Linie als Handwerker und nicht als freischaffender Künstler verstand. Außer den durch Zünfte organisierten Ebenisten gab es eine große Anzahl freischaffender Kunsthandwerker, die sogenannten »Artisans Libres«, die in den Vorstädten von Paris neben den oder auch für die anerkannten »Maî-

17 Bildnis Ludwigs XV
Unter Louis XV erreichte die europäische Möbelkunst ihren absoluten Höhepunkt, was Formgebung und Preziosität anbetrifft. Dies beweisen auch die internationalen Auktionsergebnisse heute. Für Louis-XV-Möbel werden Spitzenpreise bezahlt, denn sie gelten, wie schon zu ihrer Entstehungszeit, als sichere Geldanlage.

18 Kleine Kommode, eine von einem Paar, Frankreich, um 1740–1750, früher Louis-XV-Stil.
(80 x 76 x 47 cm).
Die Kommoden sind mit Purpurholz (Bois de violette) furniert, mit feuervergoldeten Bronzebeschlägen verziert und mit Marmorplatten aus dem Languedoc abgedeckt.
Das Kommodenpaar wird Pierre II Migeon zugeschrieben.

19 Bronzebeschlag eines Rokoko-
Sekretärs.
Die Einfassung eines Möbelbeins
durch eine Metallmanschette hatte
nicht nur den Sinn, ein Möbel wertvol-
ler zu machen. Diese Bronzeeinfas-
sung schützte auch die dünnen Beine
vor mechanischer Beschädigung und
diente gleichzeitig zur Stabilisierung.
An ihrer Gestaltung läßt sich ein
Möbelstück leicht datieren, denn die
Formgebung dieses Details ist der
Mode stark unterworfen. Die
Ausgestaltung im einzelnen läßt auch
Rückschlüsse auf die Qualität des Mö-
belstückes zu.

20 Table à Ecrire von Jean-François
Dubut, Frankreich, um 1755–60, gestempelt J-F. Dubut.
Die Tischplatte ist mit geometrischen
Mustern überzogen, die Seitenflächen
und Beine sind so furniert, daß die na-
türlichen Maserungen der verschiedenen Hölzer ein bewegtes Muster ergeben. Die Marketierung auf der Schublade zeigt deutlich die elipsenförmigen
Ornamente, die durch einen Schrägschnitt durch die Jahresringe des Bau-
mes entstehen. Die Tischplatte ist mit
einem kleinen Bronzegitter umrahmt,
Schubladen, Füße und die Möbelecken
sind mit vergoldeten Bronzebeschlägen verziert. Zieht man die Schublade
auf, so läßt sich in der Mitte, ähnlich
wie bei Bild 17, ein Pult herausklappen,
das von zwei ausziehbaren, zusätzli-
chen Ablageflächen flankiert wird.

tres« Arbeiten ausführten. Trotz
gefüllter Auftragsbücher war die
finanzielle Situation mancher
Ebenisten wenig beneidenswert.
Aus archivalischen Quellen weiß
man, daß der große Oeben (um
1720–1763) wirtschaftlich nahe
dem Ruin stand, und daß ein
Könner wie Carlin bei Oebens
Tod im Jahre 1773 eine Forderung in Höhe von 500 Livres hatte. Dies besagt, daß Carlin, der
schon sieben Jahre vorher seinen

21 Kleines Arbeitstischchen, Travailleuse, Frankreich, um 1750–60.
Die Flächen wurden mit Satinholz furniert. Die geschwungenen Umrisse
sind durch schmale Furnierbänder aus
Amarantha hervorgehoben. Die Tischplatte läßt sich, wie bei den meisten Arbeitstischchen, aufklappen, seitlich ist
eine kleine Schublade eingebaut.

22 Serviertisch, Table Rafraîchissoir,
wahrscheinlich von Canabas (Pseudonym für Joseph Gengenbach, Meister
seit 1766 in Paris), französisch, später
Louis-XV-Stil.
Typisch für Canabas ist die Ausführung aus massivem Mahagoni in Anlehnung an englische Vorbilder. Dieses
Möbel mit einer eingebauten Kühlvor-
richtung für Flaschen und zwei Ablagen zeigt deutlich den Einfluß, den
England auf das französische Kleinmöbel hatte.

Meistertitel erworben hatte, direkte Aufträge von anderen Mei-
sterateliers oder von geschickten
Kunsthändlern annehmen muß-
te. Die Preise, die er für seine Arbeit erhielt, waren wesentlich
niedriger als die Preise, die der
Hof und sein Gefolge an die Zwischenhändler zahlen mußten.
Lediglich einige Ebenisten mit
dem Privileg des »Ebeniste du
Roi« kamen zu großem Vermögen. Zu ihnen zählen Jean-Henri
Riesener und David Roentgen,
die nahezu exklusiv für die großen Höfe arbeiteten. Dadurch
wurde die Französische Revolution für sie zum Ruin.
Aus den Auftragsbüchern von
Jean-Henri Riesener weiß man
zuverlässig, daß er in den letzten
zehn Jahren vor der Französischen Revolution für seine Möbel
938 000 Livres erhalten hat – ein
Millionär unter den Ebenisten.

Kleinmöbel der Übergangszeit Louis XV/Louis XVI (Transition)

Zwischen den geschwungenen Linien des Louis-XV-Stils und den wesentlich konservativeren geraden Formen des Louis-XVI-Stils gab es keinen Bruch, sondern einen fließenden Übergang, der sich bereits 1765, zehn Jahre vor dem Tod von Louis XV, andeutete. Die Möbel dieser Übergangsepoche zeigten schon eine Tendenz zu den geraden Schmuckformen des Klassizismus, obwohl sie noch die charakteristisch geschwungenen Rokokobeine aufwiesen. Was als konsequente Moderichtung nach antikem Vorbild enden sollte, begann zunächst als

23 Mode von 1770.

Modeerscheinung unter dem Motto »à la Grècque«.
In diesem Jahrzehnt der »Transition« setzte das Kleinmöbel wichtige Akzente, die den Gesinnungswandel klar zum Ausdruck brachten. Erkennbar war der Stil an den gebrochenen Umrißlinien, die nicht mehr auf jener Harmonie von Schwung und Gegenschwung beruhten, sondern im Kontrast von exakt geschnittenen, geraden Flächen, die unvermittelt in eine Wölbung übergingen, standen.
Wichtigster Punkt, um ein Übergangsstück zu erkennen, ist der Ansatz der Beine. Ein weiteres Erkennungsmerkmal lag in den Bronzeverzierungen, die jetzt klassische Rosetten, gerade Eierstabfriese, Mäander und Girlanden aufwiesen, und in den Marketerien, in deren rechteckigen Umrandungen bereits Trophäenarrangements auftauchten. Eine klassizistische Stimmung verdrängte das symmetrische Rokoko-Ornament, ohne jedoch das ganze Möbel zu erfassen.
Ganz deutlich wurde dieser Übergangsstil in den Kleinkommoden und Nähtischchen (Bild 25, 29), die aus den formalen Kontrasten der rechtwinkligen, oft etwas steifen Kästen und den geschwungenen Füßen lebten;

24 Damenschreibtischchen, Bonheur du Jour, wahrscheinlich von Charles Topino, Paris, nach 1773.
Das Bonheur du Jour hat, im Gegensatz zum einfachen Damenschreibtisch, einen kleinen Aufsatz, der mit Fächern und verschiedenen Ablagen ausgestattet ist. Auffällig an diesem Möbel sind die zahlreichen Bronzebeschläge, die den Aufsatz verzieren. Sie verweisen darauf, daß dieses nur 100 cm hohe und 64,5 cm breite Möbel als Übergangsstilform vom Louis XV zum Louis XVI gesehen werden muß.

25 Kombinierter Toiletten- und
Schreibtisch, Toilette à Transformation, aus dem Atelier von Jean-François Oeben (um 1720–1763),
wahrscheinlich von dessen Mitarbeiter
Jean-François Leleu (1729–1807)
ausgeführt, Paris, um 1760.
Dieses Möbel, das den Übergang vom
Louis-XV- zum Louis-XVI-Stil
signalisiert, gehört zur Gattung der
sogenannten Verwandlungstische.
Wenn der zentrale Mechanismus ent-
riegelt ist, lassen sich die obere Schublade und die Tischplatte auseinander-
ziehen, so daß man einen Toiletten-
spiegel herausklappen kann. Aus den
Seiten lassen sich ebenfalls Schubladen ziehen, deren Deckel zusätzliche
Ablagen in aufgeklapptem Zustand
darstellen.

Nicht nur in der Gradlinigkeit des Mö-
belkastens, sondern auch in den Bronzebeschlägen deutet sich der Stilwan-
del vom Rokoko zum Klassizismus an.
Anstelle der symmetrischen Rocaillen
treten Widderköpfe, Lorbeerblattgebin-
de, Akanthusblätter sowie symmetrisch
angeordnete Kartuschen. Trotz der
vielen mechanischen Eigenschaften ist
das Möbel besonders klein. Es mißt in
der Höhe 73 cm und in der Tiefe 42
cm.

Details des
Verwandlungs-
tisches.

26 Ansicht der
Tischplatte.
Auch in der Gestal-
tung der Markete-
rie deutet sich der
Wandel vom Roko-
ko zum Louis-XVI
an. Die Blumendar-
stellung wird natu-
ralistischer und
greift nicht über
die gesamte Flä-
che, sondern wird
bildartig einge-
rahmt.

27 Stempel von
Leleu in nahezu
naturgetreuer Grö-
ße von der Unter-
seite einer Schub-
lade.
Die Bezeichnung
»Leleu« legt nahe,
daß das Möbel von
Leleu angefertigt
wurde, während er
im Atelier von
Oeben tätig war.

28 Schnappschloß
aus dem kompli-
zierten Möbelme-
chanismus, der zur
Verwandlung not-
wendig ist.

ebenso in den kleinen Näh- und Arbeitstischchen, die jetzt ein vertikal verlaufender »Kulissenverschluß« zierte, der aus Holzstäbchen bestand, die in einer Schiene hinundhergeschoben werden konnten. Die Nähtischchen wurden trommelförmiger und die Aufbauten der kleinen Damenschreibtische (Bonheurs du Jour) immer kastenförmiger. Wo sich früher geschwungene Holzflächen befanden, entdeckte man jetzt Imitationen von Buchrücken als Verkleidung von Geheimfächern.

Die Marketerie

Im Gegensatz zur Intarsienarbeit, bei der Edelholz in »Vertiefungen« eingelegt wird, bestand die Marketerie aus Furnierplatten, die man auf eine Unterkonstruktion aufklebte. Angeregt von den verschiedenen Strukturen und Farben der Furniere begann man bald, Muster zu komponieren, um Rokoko-Möbelstücke zu schmücken. Die Grundlagen dieser Techniken hat André Roubo 1772 in seinem Traktat »L'Art du Menuisier« niedergelegt. Aus seinen ausführlichen Beschreibungen geht hervor, daß neben den damals bekannten einheimischen auch Hölzer aus aller Welt verwendet wurden. Man importierte Mahagoni aus Kuba, Santo Domingo, Jamaika und Honduras, Amboyna von den Molukken, Kasuarinaholz, damals wahrscheinlich aus Südafrika, Palisander aus Westindien, Eben-

holz von der Koromandelküste und Satinholz aus Mittel-und Südindien.
Da damals die Furniere nicht einfach vom Stamm geschält, sondern von Hand mit der Säge aus dem Stamm geschnitten wurden, spielte die Lage des Schnitts eine ganz bedeutende Rolle. Schnitt man beispielsweise einen Stamm längs der Wuchsrichtung, verliefen im Furnier die Maserungen meistens parallel. Schnitt man den Stamm jedoch quer durch, erhielt man konzentrische Ringe. Als dritte Variation blieb der schräge Schnitt, der bei einem gerade gewachsenen Baum die Jah-

29 Handarbeitstischchen, Table à Ouvrage, von Martin Carlin, um 1770–76.
Motive, Formgebung und Entstehungszeit deuten auf den Übergang vom Louis-XV- zum Louis-XVI-Stil hin. Die runde Platte des Tisches ist mit einem durchbrochenen, gleichmäßigen Fries umrandet, die drei Seiten des Oberteils haben Einlagen aus Porzellanplatten von Sèvres, die senkrechten, bereits an den Louis-XVI-Stil erinnernden Beine sind mit Lorbeerblattmotiven beschlagen, was auf die klassizistische Stiltendenz der frühen siebziger Jahre verweist. Der 69 cm hohe Tisch ist mit dem Meisterstempel M. Carlin gekennzeichnet.
Porzellaneinlagen in Möbeln galten damals als sehr kostbar. Aus alten Dokumenten weiß man, daß Sèvres zwischen 1771 und 1776 nicht mehr als siebzig dieser runden Plaketten an die Kunsthändler Poirier und Daguerre verkaufen durfte. Daraus kann man schließen, daß etwa zwanzig Tische dieses Typs hergestellt wurden. Aus den Geschäftsbüchern von Poirier geht hervor, daß Madame Dubarry 1773 840 Livres für einen solchen Tisch bezahlt hat.

30 Detail eines
Arbeitstischchens,
Table à Ouvrage,
von Martin Carlin,
nach 1766.
Die geraden Linien,
die im Kontrast zu
den geschwunge-
nen gesetzt sind,
verraten den Über-
gangsstil vom
Louis-XV- zum ge-
radlinigen Louis-
XVI-Stil.

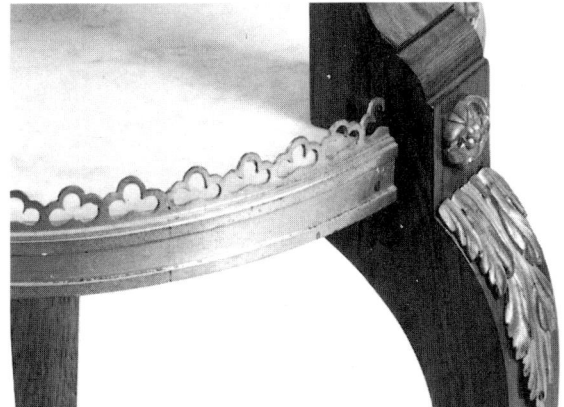

31 Rechtwinklig in
Bronzebordüren
eingefaßte Felder
gelten als typische
Stilmerkmale, die
den beginnenden
Louis-XVI-Stil
charakterisieren.

32 Würfelmarkete-
rie und Akanthus-
blattmotive deuten
ebenfalls auf die
klassische Stilten-
denz hin, die etwa
ab 1760 in nahezu
allen französi-
schen Möbeln
spürbar wird.

resringe parabelförmig oder als austernartige Muster erscheinen ließ. Aus diesen 2,5 bis 3 mm dikken Furnieren (heutige Furniere sind nur etwa 0,6–0,8 mm dick) schnitt der Ebenist nach einem Entwurf Muster aus, die dann aufgeleimt und später noch einmal geglättet und poliert werden mußten. Besondere Schwierigkeiten bereitete im Louis-XV-Stil das Furnieren der geschwungenen Möbelstücke, da zum Trocknen die Furniere angepreßt werden mußten.

Hierzu verwendete man mit Sand gefüllte Säcke, die jede beliebige Form annahmen und dann, wenn sie mit einer Schraubvorrichtung vor das aufgeklebte Furnier gepreßt wurden, einen gleichmäßigen Druck ausübten. Neben den Blumenmotiven und muschelförmigen Umrandungen spielt schon im Rokoko der »Jeu de Fond« – die Wahl des fein strukturierten Untergrunds, vor dem das Motiv erscheinen sollte – eine große Rolle. Das einfachste Muster wurde erreicht, wenn parallel verlaufende Maserungen im Winkel von 45° gegeneinandergestoßen wurden. Roubo zeigt in seiner Lehre zahlreiche Beispiele, die in komplizierten Würfelmustern gipfeln und als selbständige Strukturen ohne illustratives Bildwerk im Rokoko sehr beliebt waren (Bild 11).

Der Stil einer Marketerie ist auch gleichzeitig ein Zeitbestimmungskriterium: Das Rokoko liebte die asymmetrische Rocaille (Muschel) als Umrandung, liebliche Blumengebinde als Verzierungen und die feine Maserung des Holzes im Winkel von 45° zueinander versetzt.

Das Besondere am Louis-XV-Stil bestand darin, daß die Furniere über das ganze Möbel gezogen und die Bilddarstellungen nicht allzu streng eingerahmt wurden, wie es im späteren Louis-XVI-Stil häufig vorkommt.

Kennzeichnend für die Marketerie des Louis-XVI-Stils sind die naturalistischen Darstellungen von Stilleben- und Trophäenarrangements. Sie zieren Tischplatten, Gueridons, Aufbauten des Bonheurs du Jour und die Jalousieverschlüsse der Nacht- und Lesetischchen.

Den Übergang vom Louis-XV- zum Louis-XVI-Stil erkennt man nicht nur aus den neuen Modeströmungen in der Marketerie, sondern auch aus den konstruktiven Details und den Bronzebeschlägen. Auch sie gehen weg vom Rokokoschnörkel und zeigen eine Tendenz zum Klassizismus. Es tauchen Widderköpfe, Akanthusblätter, Blumengebinde, Rosetten und Eierstabfriese auf. Mit ihnen wird auch die gesamte Möbelform strenger und kantiger. Zwischen den beiden Stilidealen Rokoko und Louis-XVI liegen zahlreiche Übergangsformen, die den Umbruch deutlich zeigen. Da man diese Möbel weder dem vorhergegangenen noch dem nachfolgenden Stil eindeutig zuordnen kann, hat man den Begriff Übergangsstil »Transition« geprägt.

33 Kleiner Schreibtisch, Table à Ecrire, von Charles Topino, Paris, nach 1773, gestempelt C. Topino.
Dieses im Durchmesser nur 43 cm große Schreibtischchen verbirgt in der oberen Schublade eine ausziehbare Schreibfläche und ein Tintenfäßchen. Strenge des Aufbaus, zurückhaltende Blumengebinde im Dekor, die ruhig verlaufenden Umrandungen der kreis-förmigen Flächen weisen auf einen vollzogenen Übergang zum Louis-XVI-Stil hin.

34 Handarbeitstischchen, Table à Ouvrage, wahrscheinlich von Martin Carlin, Paris, nach 1766.
Dieses merkwürdige Möbel besteht aus zwei übereinander angebrachten Trommeln, vier Beinen und einer glatten Holzsäule. In der unteren Trommel befinden sich vier eingebaute Fächer, die durch zwei Klappdeckel verschlossen werden können. Die obere Trommel ist mit einer von Sèvres gefertigten Porzellanplatte bedeckt und an der Wandung mit zahlreichen Bronzebeschlägen, unter anderem mit Drapierungen verziert.

Kleinmöbel im Louis-XVI-Stil

Formal bedeutet der Louis-XVI-Stil, dessen Blütezeit etwa zwischen 1770 und 1780 anzusetzen ist, eine Gegenbewegung zum asymmetrischen, schwungvollen Rokoko. Das Stilideal war von architektonischer Strenge geprägt und orientierte sich motivisch an der Formensprache der Antike. Dennoch wirken die Möbel nie plump, da die Umsetzung in fein abgestimmten Proportionen erfolgte.

Der Louis-XVI-Stil war kennzeichnend für eine in ganz Europa einsetzende »Archäologisierung der Stile«, die bis weit ins 19. Jahrhundert reichen sollte.

Dieses Interesse für die Welt der Römer und Griechen führte unter anderem zur Ausgrabung der durch einen Vulkanausbruch verschütteten römischen Städte Pompeji und Herculaneum. Mit Sicherheit hat die dort wieder ans Tageslicht getretene römische Wohnkultur entscheidend auf das Stilideal des ausgehenden 18. Jahrhunderts eingewirkt.» A l'Antique« – im Geiste der Antike – zu entwerfen, war die große Forderung an den bildenden Künstler.

An dieser klassizistischen Tendenz sind die Kleinmöbel des Louis-XVI-Stils sofort zu erken-

35 Die Prinzessin de Lamballe (1742–92).

36 Ziertischchen, Frankreich, um 1780.
In den oberen Kasten ist schalenartig im Stil der Zeit bemaltes Sèvres-Porzellan eingelassen, darunter in der Zarge eine kleine Schublade.
Die Gestaltung der acht, paarweise angeordneten, dünnen Säulen weist auf die Vorliebe des Louis-XVI-Stils für etruskische Formen hin. Die gedrehten Säulen enden in vasenförmigen Füßen, die wiederum auf einem kantigen Untergestell stehen, das in einen Mäander ausläuft. Die Schale mit dem Metalirand und der Porzellaneinlage in der unteren Partie des Möbels gilt als typisches Motiv, das im französischen Möbelbau des 19. Jahrhunderts ebenfalls im deutschen Biedermeier auftaucht.
Dieses dem Louis-XVI-Stil zugehörige Möbel ist 74 cm hoch und nur 19,5 cm tief.

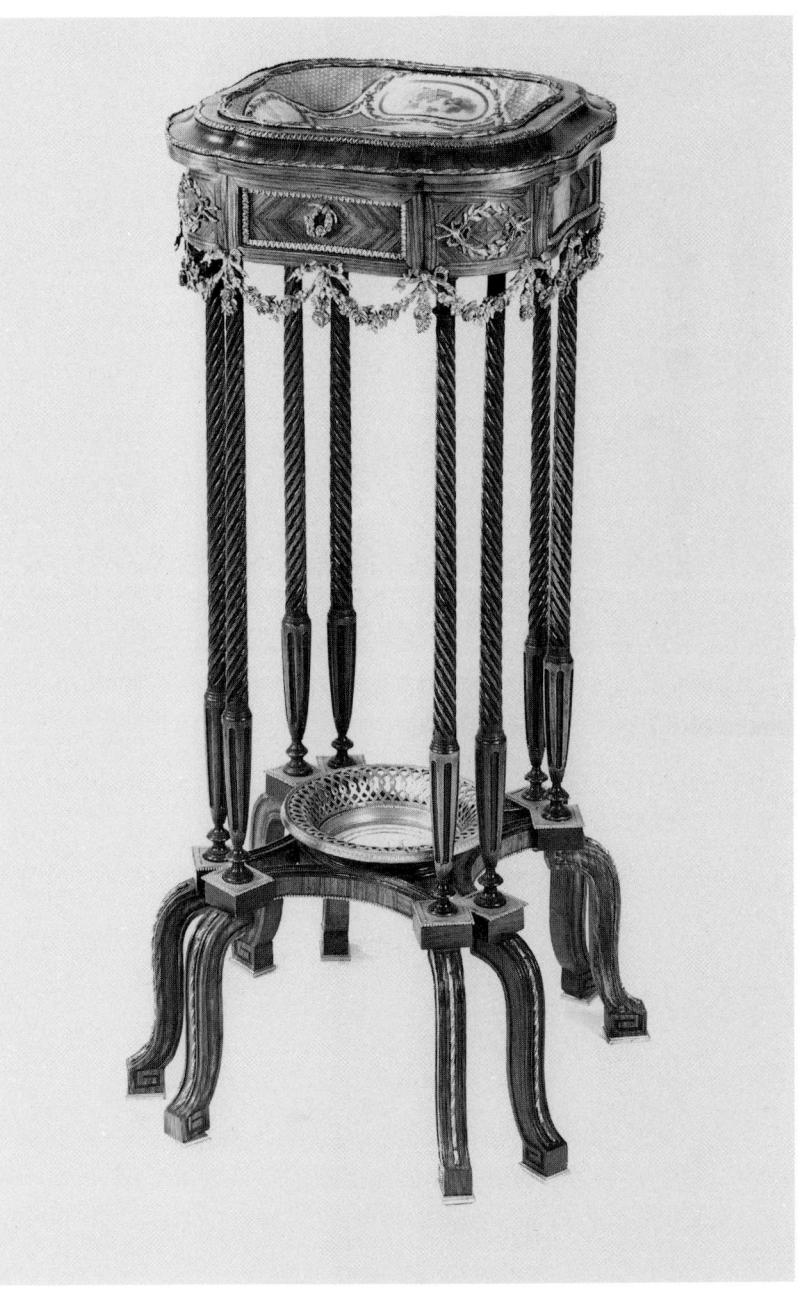

37 Kleiner Schreibtisch, Table à Ecrire, von Pierre Garnier, Frankreich, um 1770. Die Deckplatte besteht aus weißem Marmor, der mit einer durchbrochenen, geometrischen Metallumrandung eingefaßt ist. Aus der Zarge läßt sich eine Schublade und eine Schreibplatte hervorziehen. Die konisch zulaufenden Beine mit den einfachen Metallfüßen erinnern stilistisch an Arbeiten von David Roentgen.

38/39 Jedes Detail dieses Möbels zeigt die architektonische Zurückhaltung und klassische Gesinnung des Louis-XVI-Stils. Typische Stilmerkmale stellen die Bronzerosetten mit Akanthusmotiv wie auch die glatten, sich nach unten verjüngenden Beine dar.

40 Handarbeitstischchen, Table à
Ouvrage, Paris, um 1785, von Carlin
und Pafrat.
In der Konzeption ähnelt dieses
Tischchen der Abbildung 34. Die Gradlinigkeit verweist jedoch auf den fort-
geschrittenen Louis-XVI-Stil. Hierfür ist
besonders die Beinform charakteristisch, die sich nach unten verjüngt
und tiefe Kannelüren aufweist.

41 Meisterstempel von Martin Carlin,
der aus Deutschland stammte und seit
1766 in Paris als Meister akkreditiert
war, jedoch bereits 1785 starb. Carlin
gilt heute als einer der talentiertesten
Kunstschreiner seiner Epoche, obwohl
er zu seiner Zeit nie in das Licht der
Öffentlichkeit getreten war, da er allem
Anschein nach durch Kunsthändler
vertreten wurde, die seine Möbel verkauften. Außerdem muß er, wie alte
Rechnungen beweisen, im Auftrag an-
derer Ebenisten gearbeitet haben. Seine Stempel sind an kaum sichtbarer
Stelle angebracht und zuweilen sogar
unkenntlich gemacht worden, damit
man der Herkunft seiner Möbel nicht
nachgehen konnte.

42 Meisterstempel von Pafrat, der sich
auf demselben Table à Ouvrage befindet wie der Stempel von Carlin.

nen: Die Beine verlaufen gerade,
verjüngen sich meistens nach unten und sind mit den Kannelüren
klassischer Säulen verziert. Die
bronzenen Möbelbeschläge, eingesetzten Plaketten und Bordü-
ren erinnern mehr an die klassischen Vorbilder als an das ausschweifende Rokoko.
Diese »Tektonik« eines Louis-
XVI-Möbels unterscheidet sich
grundlegend von den Stilidealen
des vorausgegangenen Louis-
XV-Stils. Was sich im Louis XV
im Rythmus von geschwungenen
Flächen und Formen die Waage
hielt, wird jetzt von geraden, bisweilen etwas steifen Säulen gehalten, deren tragende und architektonische Funktion sichtbar
gemacht wurde: Das klassische
Motiv vom »Tragen und Lasten«
– also ein Spiel aus Vertikalen
und Horizontalen – wurde bei den
Louis-XVI-Möbeln von den als
Säule ausgebildeten Füßen und
von horizontalen Ebenen, die auf
den Säulen lasten, dargestellt.
Der Abschluß nach oben wurde,
wie in der klassischen Architektur, durch ein nach altem Kanon
strukturiertes Gesims gebildet.
Übergreifende Schmuckmotive
des Louis-XV-Stils gab es nicht
mehr. Den Louis-XVI-Verzierun-
gen (Marketierungen und Porzel-
lanbilder) sind klar umrissene
Felder zugewiesen, die sich aus
der Architektur des Möbels ergaben.
Hier jedoch entwickelten sie sich
in ungebundener Freiheit, die es
nie zuvor gab, denn in dem ihnen
zugewiesenen Feld waren sie an
kein Reglement gebunden.

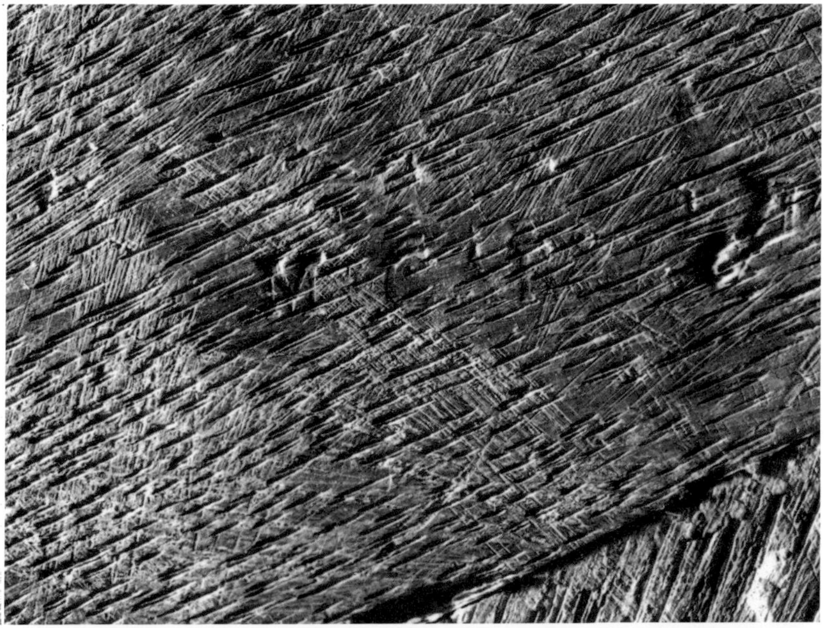

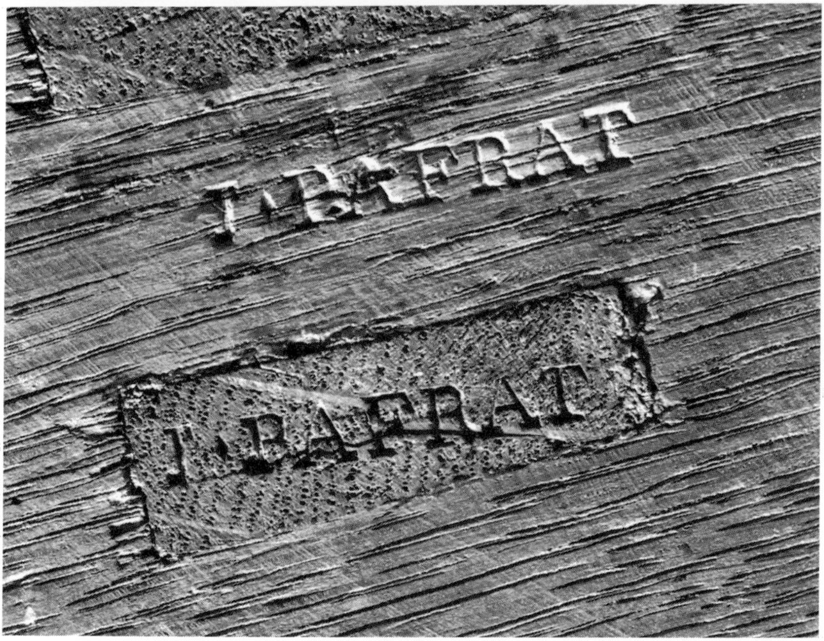

43 Guéridon von Martin Carlin aus
dem ehemaligen Besitz der Madame
Dubarry.
Die Tischplatte ist mit sieben Sèvres-
plaketten ausgestattet, die mittlere
zeigt ein Konzert im Serail. Die Qualität
eines solchen Stückes ist nicht zu
überbieten. Der Lieferschein des
Kunsthändlers Poirier an Madame Dubarry vom 20. November 1772 sah bereits einen Preis von 5500 Livres für
dieses Stück vor.

44 Kleiner Sekretär mit Klappe im
Louis-XVI-Stil, jedoch erst um 1830
entstanden.
Während die Sèvres-Platten aus dem
18. Jahrhundert stammen, ist das übri-
ge Möbel eine stilgerechte Ergänzung
aus dem frühen 19. Jahrhundert.

45 Kleines Tischchen, Travailleuse, von Georges Jacob (1739–1814), Frankreich, Ende des 18. Jahrhunderts.
Obwohl sehr spät, zeigt es alle Merkmale eines Louis-XVI-Möbels. Auf der hier nicht sichtbaren Seite befindet sich ein Kulissenverschluß, ein senkrecht verlaufendes Rouleau aus in zwei Schienen geführten Holzstäbchen. Von den hier sichtbaren Schubladen stellen die beiden unteren nur Attrappen dar, während die obere als Schreibfläche ausgestattet ist. In der Nutzung kann man demnach von der Rückseite im Bereich der unten angeordneten Schubladen Bücher einstellen, während man von der anderen Seite die oberste Schublade als kleines Schreibbüro verwenden kann. Die Flächen sind mit hellerem Zitronenholz und dunklerem Amaranthenholz furniert, die säulenförmigen Stützen mit Kapitellen und Basen aus vergoldetem Kupfer sowie die gedrehten und konisch zulaufenden, kurzen Füße erweisen sich als besonders typisch für das Formrepertoire des Louis-XVI-Stils. Die Deckplatte besteht aus weißem Marmor und ist von einer Galerie aus vergoldetem Kupfer eingefaßt.

46 Arbeitstischchen, Tricoteuse, von Adam Weisweiler, Paris, um 1780, gestempelt unter dem mittleren »Tablett« A. Weisweiler.
Die Tricoteuse, auch Vide-Poche genannt, benutzte man als Handarbeitstischchen. Sie hat mehrere, übereinander angeordnete Tabletts, die sehr prächtig ausgearbeitet sind. Zur Ausschmückung hat der aus Neuwied am Rhein stammende und bei David Roentgen ausgebildete Schreiner Keramikplaketten in weißem Relief auf zartblauem Grund, feine Bronzeleisten, rundgedrehte Metallteile und zahlreiche Edelhölzer verwendet. Die Gradlinigkeit und die Vorliebe für feines Relief in Dekor deuten bereits auf den Empirestil hin. Die Profilierung und der Einfallsreichtum der verschiedenartigen Säulen verweisen jedoch auf den Louis-XVI-Stil.

47 Kombinierter Toiletten- und Schreibtisch, Bureau Toilette oder auch Bonheur du Jour, von Jean-François Leleu, Paris, um 1770.
Das auffälligste Motiv an diesem Möbel sind die zahlreichen Bücherrücken. Sie verdecken hinter ihrer echten Lederprägung Fächer und kleine Schubladen. Der mittlere Teil ist als Jalousieverschluß konstruiert, der sich zurückschieben läßt, die beiden flankierenden Bücherpartien sind auf kleine Türen aufgeleimt. Alle Ablageflächen sind mit spanischem Marmor belegt und mit kleinen Gittern umrandet. Die Schublade birgt, wie bei dem Bonheur du Jour üblich, Schreibfläche, Tintenfässer und ein aufklappbares Lesepult. An der gradlinigen Gestaltung der Beine, die sich nach unten verjüngen und in Messing eingelegte Kannelüren aufweisen, erkennt man sehr deutlich den oft etwas spröden Louis-XVI-Stil.

48 Kleine Kommode in Halbmondform, Petite Commode Demi-lune, Frankreich, um 1870–1880.
Der Stil der Marketerie und deren gradlinige Einfassung stellen typische Merkmale des Louis-XVI-Stils dar.

Riesener und Roentgen

Jean Henri Riesener (1734–1806) und David Roentgen (1743–1807) galten als die teuersten und besten Ebenisten dieser Zeit. David Roentgen aus Neuwied am Rhein hatte im Urteil seiner Zeitgenossen den Ruf als »plus grand Ebéniste de l'Europe entière« – als größter Ebenist von ganz Europa – und hatte vom französischen Hof den Titel »Ebéniste méchanisien du Roi et de la Reine« und von Friedrich Wilhelm II. den Titel des Kommerzienrats erhalten. Sein Kollege

49 Kleiner Tisch aus vergoldeter Bronze und Porphyr.
Dieser Tisch gehört zu einem Paar, das im 19. Jahrhundert in Anlehnung an ein ähnliches Paar aus dem späten 18. Jahrhundert gefertigt wurde.

Riesener stammte aus Gladbeck bei Essen und hatte das höchste Privileg des »Ebéniste du Roi« – des königlichen Hofebenisten – erhalten. Er baute zum Beispiel für Marie Antoinette einen »Zaubertisch«, der sich heute im Metropolitan Museum in New York befindet, für den stattlichen Preis von 4000 Livres, während Roentgen, der ebenfalls in der Gunst der deutschsprachigen Marie Antoinette stand, Paris mit einer Möbelkollektion, die er in vierjähriger Bauzeit anfertigen ließ, für sich begeistern konnte. Wie viele seiner deutschen Landsleute durfte auch er auf die Begünstigung der französischen Königin Marie Antoinette rechnen, die eine Tochter des österreichischen Kaisers Franz I. war.

Beide Meister beherrschten perfekt die knappe und strenge Sprache des Klassizismus, setzten glatte Holzflächen gegen

50 Detail des oben stehenden Bronzetischchens.
Die Karyatide mit dem ionischen Kapitell aus ziselierter und vergoldeter Bronze geht auf ein Vorbild aus dem 18. Jahrhundert zurück, das dem Bronzegießer Pierre Gouthière (1732–1813/4) zugeschrieben wird. Kleinmöbel aus Metall waren bereits im 18. Jahrhundert weit verbreitet. Der berühmte Schreiner Jean Henri Riesener (1734–1806) hat beispielsweise für Marie-Antoinette einen kleinen Sekretär geschaffen, der ganz aus Stahl konstruiert war. Die Tradition der Kleinmöbel aus Metall wird im Empire (vergleiche Bild 83) fortgesetzt. Gußeisenmöbel, Kleinmöbel aus Schmiedeeisen sowie aus verchromtem Stahlrohr runden die Entwicklung bis ins 20. Jahrhundert ab.

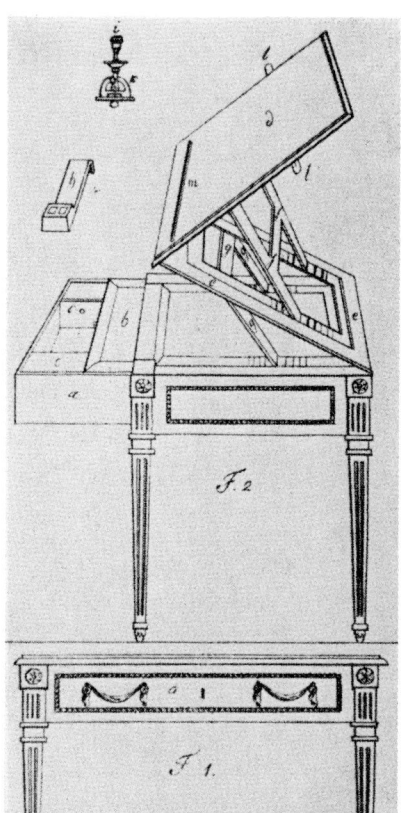

51 Verwandlungstisch von David Roentgen, Neuwied, Ende des 18. Jahrhunderts.
Darstellung aus dem »Journal des Luxus und der Moden« von 1895. Der Tisch sieht in zusammengeklapptem Zustand mit seinen sich unten verjüngenden Beinen und den einfachen Bronzebeschlägen diskret und zurückhaltend aus. Im Inneren birgt er jedoch zahlreiche mechanische Eigenschaften, wie die oberste Darstellung zeigt. Die Schublade ist in einzelne Fächer unterteilt, kann aber mit einer über ihr angebrachten, verschiebbaren Platte so geschlossen werden, daß sich die Schreibfläche, wenn die Schublade ausgezogen ist, verdoppelt. Die Tischplatte läßt sich über einen komplizierten Mechanismus aufklappen und in jeder gewünschten Höhe und Neigung so arretieren, daß man den Tisch als Staffelei oder Stehpult benutzen kann. Ergänzend für eine solche Schräglage der Platte hat Roentgen ein eigens dafür konstruiertes Tintenfaß vorgesehen, das man an der Oberkante der schrägen Platte einhängen kann. Solche Arbeiten von Roentgen fanden an den Höfen von Petersburg bis Paris großen Anklang. Der zurückhaltende Louis-XVI-Stil Roentgens wurde für viele Kunsttischler Europas zum Vorbild.

Bildthemen lieferten die klassischen Helden, das Alte Testament, die Mythologie sowie die China- und Japanmode, die auf den Möbeln von nun an Pagoden oder andere fernöstliche Motive erscheinen ließ.
Eine Spezialität von Riesener war es, neue, sehr präzis geschnittene und komplizierte Fond-Muster zu entwickeln, die den Möbeln eine Oberfläche gaben, als wären sie aus gewebtem Stoff, mit Rauten und Quadraten gleichmäßig durchzogen, in deren Mittelpunkt jeweils eine kleine Blüte geschnitten war.

markante Profilleisten und waren wahre Meister der Marketerie, wenn sie dieses Stilmittel anwendeten. Die Darstellungskunst des Roentgen-Ateliers war auf diesem Gebiet meisterhaft (Bild 53) und reichte bis zu Umsetzungen aquarellierter Entwürfe, die der Maler Januarius Zick angefertigt hatte.

52/53 Tischplatte von David
Roentgen in Neuwied am Rhein.
Das Haus Roentgen verdankt seinen
internationalen Ruf als Kunsttischlerei
des späten 18. Jahrhunderts mehreren
Fakten:

1. David Roentgen war ein hervor-
ragender Kaufmann und versierter Di-
plomat.

2. Roentgen war in der Lage, aus-
gezeichnete mechanische Möbel zu
konstruieren und auszuführen.

3. Roentgen-Möbel vertreten einen
diskreten und nicht überladenen
Klassizismus.

4. Roentgen war, wie vielleicht nur
noch das Atelier Riesener, in der Lage,
große Bildthemen als Marketerie umzusetzen. Dafür lieferte sein Freund, der
berühmte Rokokomaler Januarius Zick,
die Vorlagen, die in seinem Betrieb
dann von seinen über vierzig Mitarbeitern auf das kunstvollste auf edle Hölzer übertragen wurden.

54/55 Verwand-
lungstischchen,
Table à Pupitre,
von Martin Carlin,
Paris, 1783.
Dieses im zusam-
mengeschobenen
Zustand nur
80 x 33 x 40 cm
große Tischchen
gehört zu den
schönsten und raf-
finiertesten me-
chanischen Mö-
beln überhaupt.
Die mit einer
Sèvres-Porzellan-
platte verkleidete
Vorderfront läßt
sich so herunter-
klappen, daß sich
ein ausgestattetes
Schreibkabinett
öffnet, die obere
Abdeckplatte läßt
sich durch den für
das Foto freigeleg-
ten und normaler-
weise mit einer
Sèvresplatte ver-
kleideten Mecha-
nismus auf jede
beliebige Höhe
verstellen. Das
ebenfalls mit einer
Sèvresplatte ver-
kleidete Lesepult
kann um seine ei-
gene Achse ge-
dreht werden.

Typische Merkmale
des Louis-XVI-Stils.
Typische Merkmale
für Möbel des spä-
teren 19. Jahr-
hunderts.

56 Gedrechselte,
sich nach unten
verjüngende Füße,
die wie ein Kreisel
aussehen, gerade,
perlenschnurartige
Bronzeleisten,
rhombusförmige
Holzmuster.

57 Marketerie als
gleichmäßiges,
flächenfüllendes
Rastermuster.

58 Bronze-
beschläge mit
feinen Schleifen
und Medaillons
aus Blättern.

Mechanische Möbel

Zum Höhepunkt des Louis-XVI-Stils gehörte die Perfektionierung der Möbelmechanik, die bereits die Schreiner des Louis XV beschäftigt hat. In den mechanischen Verwandlungsmöbeln waren zahlreiche neue Erfindungen verwirklicht: Stativähnliche Stützen lassen sich zum Beispiel aus Louis-XVI-Beinen hervorzaubern, die dann die Tischplatte anheben und sich selbst wiederum so ausfalten lassen, daß sie als Staffelei benützt werden können. Populär wurde dieser Typ Verwandlungstisch, der eine Mischung aus Notenpult, Stativ und Staffelei war, durch den aus Genf stammenden Arzt Tronchin, der als erster 1777 bei dem »Ebéniste et Mécanisien« Louis Dufour ein solches verstellbares Unikum in Auftrag gegeben haben soll. In der Höhe verstellbare Pulttische wurden vorher schon von Joseph Canabas und von Carlin hergestellt. Diese Möbel nannte man Table à Pupitre.

Neben immer neuen mechanischen Spezialitäten zeigte man großes Interesse daran, die Möbel durch den Einbau teurer Raritäten wie Lackpaneele, Steinbilder und Malereien wertvoll und einmalig zu machen. Dazu gehörte damals das Porzellan, das unter königlichem Privileg hergestellt wurde und nur begrenzt lieferbar war. So ließ beispielsweise der Kunsthändler Poirier Sèvres-Platten anfertigen, die dann der geschickte Schreiner Martin Carlin in Kleinmöbel einarbeitete. Diese exklusiven Stücke verkaufte er dann an einen Personenkreis, der bereit war, dieses Privileg auch teuer zu bezahlen. Auf diese Weise besaß zum Beispiel die Madame Dubarry bald eine stattliche Kollektion solcher Möbel, die etwa um 1770 zu Beginn des Louis-XVI-Stils regelrecht zur Mode wurden.

Mit dem matten Biskuitporzellan, meist in Relief, dem farbig bemalten Sèvres-Porzellan, den asiatischen Lackpaneelen nahm auch die Bedeutung der Bronze zu. War die Bronze im Rokoko-Stil als Einfassung gefährdeter Stellen gedacht, so kommen im Louis-XVI-Stil viele Möbel vor, die komplett aus Metall gebaut sind. Das Beispiel (Bild 49) zeigt einen Tisch (Kopie) von Pierre Gouthière, bei dem es wohl kaum angebracht erscheint, von Kunstschreinerei zu sprechen. Riesener hat für Marie Antoinette einen kleinen Zylinderschreibtisch gebaut, der vollkommen aus Stahl konstruiert und mit Perlmutt anstatt Holz überzogen ist. Metall, wie bei diesem »feuerfesten Kleintresor«, fand bei Ende des Jahrhunderts wieder auflebenden Boulle-Mode (siehe Seite 97) erneut Beachtung und Verwendung.

Die Kleinmöbel kurz vor der Französischen Revolution lebten nicht mehr vom Charme des Holzes, sondern von den preziös ausgeführten Techniken, die sich von dem ursprünglichen Metier der Kunstschreinerei weit entfernt hatten. Diese Stiltendenz

59 Ziertisch, Frankreich, spätes 18. Jahrhundert.
Die doppelt verlaufenden, in stilisierte Frauenbüsten übergehende Säulen sowie das kreuzförmige Untergestell mit den geschwungenen Füßen sind aus patinierter und vergoldeter Bronze hergestellt. Die Tischplatte besteht aus einer farbig bemalten Sèvres-Porzellanplakette, die den Jahresbuchstaben »G« trägt, der für das Jahr 1759 steht. Auch dieses Möbel dokumentiert die Vorliebe des späten 18. Jahrhunderts für Metallkonstruktionen.

60 Gelegenheitstischchen, wahrscheinlich von Jean Henri Riesener, um 1780.
Rautenförmige Marketerie aus verschiedenen Hölzern und feinen Bronzeleisten, die die Konturen des Möbels betonen.
Möbel dieser Art hatten so viele Namen wie Nutzungsmöglichkeiten. Klappte man den vorderen Rand des obersten Plateaus herunter, ergab sich ein Schreib- oder Handarbeitstischchen. Zeitgenössische Darstellungen zeigen auch, daß dieser Tisch auch als Eßtischchen für einen leichten Imbiß benutzt wurde, oder auch als Ablagetisch. Die häufigste Bezeichnung ist daher Vide-Poche.

machte in vielen europäischen Ländern Schule. Was in Paris in virtuoser Form auftrat, hat gleichzeitig in ganz Europa den Stil bestimmt.
In Deutschland und Österreich wurde dafür die Bezeichnung »Zopfstil« geprägt. Er stand für die auch hier überall feststellbare klassizistische Stiltendenz, die die weiche Linie des Rokokos abgelöst hatte: Gerade, sich nach unten leicht verjüngende Beine, ziemlich flache, reliefartige Beschläge aus dem Repertoire der klassischen Antike und eine geradlinige Festlegung des eigentlichen Möbelkörpers waren für das Kleinmöbel des Zopfstils ebenso charakteristisch wie für die Pariser Vorbilder, auf die sie sich bezogen.

Der Zopfstil gehört in das späte 18. Jahrhundert und ist nicht mit den zahllosen Louis-XVI-Kopien zu verwechseln. In Österreich und weiten Teilen Deutschlands wurde er wie sein großes Vorbild in Frankreich im frühen 19. Jahrhundert durch den Empirestil verdrängt.

Englands »Stumme Diener«

Mit der Erfindung des »stummen Dieners« waren die Engländer der französischen Entwicklung durchaus ebenbürtig. Zwar gingen sie in ihrer Gesinnung von wesentlich anderen Voraussetzungen aus, schufen jedoch Kleinmöbel, die keine andere Bestimmung hatten, als dem Wohnkomfort zu dienen. Zu diesem Zweck hatten sie Typen entwickelt, die konkurrenzlos dastanden und in ihrer einleuchtenden Funktionalität großen Eindruck auf die Möbelbauer in ganz Europa machten. Zur Einstimmung auf dieses Thema genügt

64 Dumbwaiter, England, zweite Hälfte des 18. Jahrhunderts.
Der Dumbwaiter oder »stumme Diener« hat meistens drei übereinander angeordnete, drehbare Tabletts und gehört als praktisches Kleinmöbel in das Eßzimmer.

es, an ein so praktisches Möbel wie das englische »Cellaret« zu erinnern, ein Vorläufer der Hausbar, das als in einer mit Blei ausgeschlagene Truhe den Wein wohltemperiert hielt; oder an den berühmten »revolving bookstand« – ein drehbares, kleines Bücherregal, das überall dort seinen Platz hatte, wo man ein

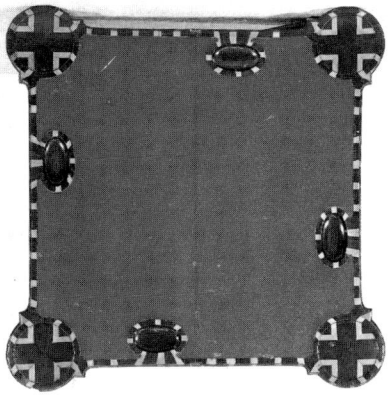

61/62/63 Spieltisch, England, um 1715.
Für die seit dem 15. Jahrhundert beliebten Kartenspiele wurden seit dem späten 17. Jahrhundert die ersten Spieltische entwickelt.
Sie waren leicht transportabel und hatten oft, wie der hier gezeigte, eine zusammenklappbare Platte.

65 Gateleg Table, englisch, 18. Jahrhundert. Das Gateleg-Prinzip besteht darin, daß zwei zusätzliche Beine so herausgeklappt werden können, daß sie als Stütze für die klappbare Platte dienen.

Buch zur Hand nahm. Ganz abgesehen von den zahlreichen Spieltischen, die man bei Bedarf aufklappen konnte und die den Spielern allen Komfort boten, vom eingebauten Kerzenleuchter bis zur Schublade für Spielmarken und -karten, vom wechselbaren Spielbrett bis zum eingelassenen Aschenbecher. Außerdem ergaben sich zahlreiche Kombinationen eines Möbels mit einem anderen. Sie luden je nach Laune zum Handarbeiten oder Schachspielen ein. Für alle diese Erfindungen trifft die englische Bezeichnung »Occasional Furniture« wohl am besten zu.

Seit Thomas Chippendale 1754 zum ersten Mal seinen »Gentlemen and Cabinet Makers Director, being a Collection of the Most Elegant and Useful Designs of Houshold Furniture in the Most Fashionable Taste« herausbrachte, war auch die Tendenz in England klar, daß die Gestaltung der Möbel zu den modischen Erscheinungsformen gezählt werden mußte und Ausdruck eines Lebensstils war, der sich hauptsächlich in den Großstädten entwickelte. Das Erscheinen dieser auf die aktuelle Mode abgestimmten Musterbücher verriet zwei neue Tendenzen: Erstens, das Ornament der Möbel unterlag einer sich rasch wandelnden Mode, das heißt, es wurde gerade

66 Ein Paar Leuchterständer, Torcheres, England um 1770–1780 (später George-III-Stil).
Motive und Gestaltung entsprechen dem neoklassizistischen Geschmack, wie ihn Robert Adam Ende des 18. Jahrhunderts in England vertrat. Der Dreifuß-Aufsatz mit den Bocksfüßen und Widderköpfen, den geraden Verstrebungen und der mittleren Schale imitiert in Holz antike Bronzemöbel. Löwenfüße und Lorbeerblattmotive runden die klassizistische Gesinnung ab.

durch neue Motive zum Erkennungsmerkmal eines »Modebewußtseins« gemacht. Zweitens, der erfolgreiche Möbeltischler wurde gleichzeitig zum Einrichtungsberater. Er betätigte sich auch als Händler und übernahm die Verantwortung für Geschmack und Stil.

Chippendale-Stil

Bis etwa 1745/1750 stand England ganz unter dem Einfluß des Rokokos, das hier eine eigenständige Ausbildung erfuhr.die kleinen Möbel zeigten reiche Schnitzereien, vornehmlich aus Mahagoniholz, das man damals aus Santo Domingo und Kuba importierte. Die Motive wirkten grotesk und asymmetrisch. Sie waren nicht nur von Muschelwerk, sondern auch von chinesischen und gotischen Motiven inspiriert, die in die neue Stildekoration übernommen worden waren. Die Schnitzereien wurden meistens reliefartig und so extravagant wie möglich ausgeführt. Kleine Tische und »stumme Diener« hatten kleine, fein ausgesägte Gitter im japanischen Geschmack (Abbildung 78); die Konsolen und Guéridons zeigten in ihrem Ornamentüberfluß exotische Motive. Die Mischung verschiedener Stile im Ornament war nicht naiv, sondern maniriert, und der Snob liebte die »Pseudo«-Stilisierung »à la Chine« mit Pagodendächern, geschnitzten Vögeln, Brunnen und durchbrochenen Geländern nach klassischer Art mit Büsten, Va-

67 Drawing Table aus Thomas Sheratons »Cabinet Maker and Upholstery's Drawing Book«.
Der auf Rollen montierte Tisch gehört in die Kategorie des Verwandlungstischs. Ähnlich wie in den Modellen von David Roentgen (Bild 51) läßt er sich zur Staffelei umfunktionieren. Links und rechts lassen sich Bretter herausziehen, um Ablageflächen zu schaffen, oben, am schräggestellten Pult läßt sich wiederum ein Pult herausklappen, das eine horizontale Ablagefläche ergibt. Stilistisch gesehen vertritt Sheraton in allen seinen Entwürfen und Publikationen einen gradlinigen und funktionellen Klassizismus, der aufwendige Schnörkel als überflüssig betrachtet.

sen, Giebeln und Friesen oder die »pseudo-mittelalterliche Art« mit Spitzbogen, Rosetten und heraldischen Fabeltieren.
So zeigten die früheren Chippendale-Möbel noch typische Rokoko-Ornamente, während sich etwa ab 1760 eine klassizistische Tendenz abzeichnete, die in England ganz besonders von dem Architekten Robert Adam (1728–1792) beeinflußt wurde. Seine Auffassung von »Stil« ging zweifellos von den Ausgrabungen in Pompeji und Herculaneum aus, die er auf seiner damaligen, für einen Kunststudenten obligatorischen Italienreise (1754–1758) mit großem Enthusiasmus verfolgte. Es ist kaum abzuschätzen, wie sehr dieses Ereignis die Geistes- und Modewelt des ausgehenden 18. Jahrhunderts prägte. Jedenfalls wurde die klassizistische Stiltendenz zu einer internationalen Bewegung, der sich Deutschland, Frankreich und England ver-

pflichtet fühlten, nicht nur im
kunsthandwerklichen Entwurf,
sondern auch in der Literatur
und der Malerei.
Wie sehr der Trend zum Klassizismus die Möbelindustrie beeinflußt hat, zeigten die 1788 veröf-
fentlichten Hepplewhite-Entwür-
fe. Sie erschienen nach seinem
Tode unter dem Titel »The Cabinet-Maker and Upholsterer's
Guide« und enthielten nahezu
300 Entwürfe. Zu diesen profes-
sionellen Entwerfern und Kunsthandwerkern kamen noch die gebildeten »Dilettanten«, die auf
ihren Studienreisen Ornamente
und Anregungen sammelten. Ihr
Einfluß war keineswegs unbedeu-
tend, denn sie galten als echte
Kunstfreunde und -kenner, die
Trends wie die Wiederentdeckung
der Antike oder der Gotik später
einleiteten.

Sie gaben Häuser und Inneneinrichtungen in Auftrag, bei denen
von der Stuckleiste bis zum Tür-
griff alles im Neoklassizismus
entworfen sein mußte.

68 Ovaler Tisch, England, um 1785. Satinholzfurnier mit feinen, zurückhaltenden Friesen aus Marketerie, sich nach unten verjüngende, gerade Beine, Schublade, die in der Zarge eingelassen ist.

Der Adam-Stil (1770–1800)

Die Reaktion auf den nahezu grotesken Chippendale-Stil war so abrupt, daß sogar Chippendale selbst in seinem Spätstil zu größerer Klassizität übergegangen war. Dies geschah vor allen Dingen unter dem Einfluß der Gebrüder Adam, die mit ihrem Neoklassizismus ganz England beeinflußten. Sie galten als »Arbiter Elegantarum«, begannen große

Bau-und Ausstattungs-Aufträge zu übernehmen und entwarfen auch Möbel für die größten Kunstschreiner ihrer Zeit. Ihre Lieblingsmotive waren Urnen, Sphinxen, Grotesken, Dreifüße, Girlanden, Akanthus und Palmetten. Mit den Motiven veränderte sich auch der Geschmack in der Verwendung der Holzsorten: Satinholz, Zitronenholz, Rosenholz und Sykamorenholz verdrängten das traditionelle Mahagoni. Als in den achtziger Jahren der »etruskische Stil« Dekor und

Formen zu bestimmen begann, war ein neuer Höhepunkt in der Möbelkunst erreicht. Dieser Stil wirkte leicht und elegant. Er war längst nicht so pompös wie der französische Empirestil mit seinen Motiven aus der römischen Kaiserzeit. Die englischen Möbel dieser Zeit waren wesentlich zurückhaltender, feinsinniger und entsprachen mehr dem gebildeten Understatement als dem auftrumpfendem Pomp des französischen Klassizismus. Aus dieser Zeit gibt es als Kleinmöbel hauptsächlich halbmondförmige Wandkonsolen und kleine Klapptische. Erst in den neunziger Jahren gewann das Kleinmöbel durch die Publikationen von Thomas Sheraton, den man als ausgesprochenen Spezialisten ansehen kann, wieder neue Bedeutung.

Der Sheraton-Stil

Thomas Sheraton (1751–1806), nach dem ein Möbelstil benannt wurde, der sich mehr in einer Gesinnung als in einer zeitlichen Eingrenzung fassen läßt, war eine vielseitige und faszinierende Persönlichkeit, die in Europa und Amerika nicht nur jahrzehntelang, sondern das ganze 19. Jahrhundert hindurch und sogar noch im frühen 20. Jahrhundert manchen Möbelentwurf inspiriert hat. Ohne Übertreibung kann man sagen, daß Sheraton seiner eigenen Zeit weit voraus war. Als enzyklopädisch eingestellte Persönlichkeit suchte er hinter jeder

Erscheinung sittliche Werte. Man hat bis heute nicht nachweisen können, ob er jemals in seinem Leben als Schreiner tätig war, man weiß nur, daß er eine Schreinerlehre gemacht hat. Manche behaupten, er wäre Möbelvertreter gewesen, bevor er sich seinen erfolgreichen Publikationen zuwandte. Dazu gehörte auch eine theologische Schrift »A Discurs on the Character of God as Love« sowie ein unvollendetes Werk unter dem Titel »Artists Encyclopedia«. Möbelentwürfe findet man in seinem »Cabinet Dictionary« und in seinem »Drawing Book«, in dessen Vorwort er sich selbst als »Cabinet-Maker« bezeichnet. Inzwischen weiß man, daß Sheraton nicht nur als Autor und Verleger tätig war, sondern auch einer Sekte angehörte, für die er als Prediger durch das Land zog. Wie er lebte, beschrieb einer seiner Mitarbeiter: »Er wohnte in einer dunklen Gasse. Sein Haus war halb Lager, halb Wohnung. Er selbst sah aus wie ein heruntergekommener Methodistenprediger mit einem schäbigen, schwarzen Gehrock. Eigentlich war er Kunsttischler, jetzt aber als Autor, Verleger, Zeichenlehrer und auch als Gelegenheitsprediger tätig. Ich arbeitete bei ihm eine Woche lang zwischen Dreck und Ungeziefer, schrieb ein paar Artikel und versuchte, seinen Laden so gut wie möglich in Ordnung zu halten. Alles, was mir dafür angeboten wurde, war eine halbe Guinea. So schlecht die Bezahlung auch

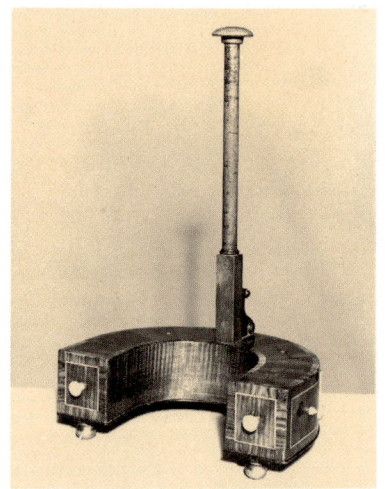

69 Toilettentisch, England, um 1770.
Die Schublade ist ausgestattet mit
einem herausklappbaren Toiletten-
spiegel sowie zwei klappbaren Dek-
keln, die eine zusätzliche Ablagefläche
ergeben. Typisch englisch sind die feinen, linear aufgefaßten, klassizistischen, in Marketerie ausgeführten Muster.

70 Arbeitstischchen, England, um
1790.
Satinholz mit zahlreichen, mechanischen Eigenschaften, so daß sich
dieses Tischchen vielseitig verwenden
läßt. Auf der schräggestellten Tischplatte kann man lesen oder zeichnen,
unter dem Möbelkasten befindet sich
ein herausziehbarer Korb, der Nähutensilien aufnehmen kann. Links und
rechts lassen sich Bretter herausziehen, um bei Bedarf mehrere Ablageflächen zur Verfügung zu haben. Hinter dem Möbel ist ein Spiegel angebracht, um die genähten Kleidungs-
stücke gleich anprobieren und betrachten zu können.

71 Hutständer, England, um 1795,
ausgestattet mit zahlreichen Schubladen für Utensilien und einer Ablage-
stange für Hüte oder Perücken.
Das Möbel ist mit Mahagoni und anderen Edelhölzern furniert.

war, ich brachte es nicht fertig,
es von diesem armen Manne an-
zunehmen.
Sheraton war wirklich ein Mann
mit Talent, ein Gelehrter, er
konnte gut schreiben und, meiner
Meinung nach, meisterhaft
zeichnen. Autor, Verkäufer,
Buchhändler und Lehrer – wie ist
es möglich, daß ein Mann mit
diesen Fähigkeiten und diesem
Wissen in solchen Verhältnissen
lebt?«

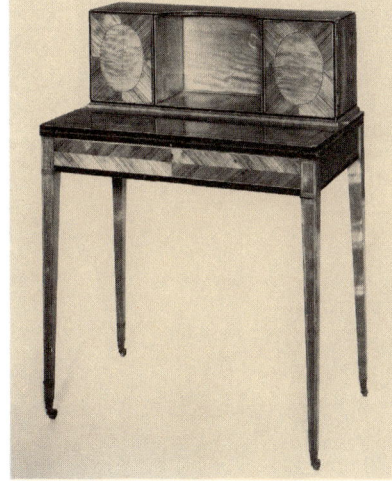

72 Beistelltisch, England, um 1760
(George II). Mahagoni beschnitzt, mit
durchbrochenem Rand.
Solche Tischchen benutzte man anläß-
lich eines Festessens als Ablage für
das Silber. Zur Stabilisierung sind die
im Relief geschnitzten, geraden Beine
durch eine X-förmige Verstrebung
verbunden.

73 Kombinierter Spiel- und Schreibtisch, England, um 1790 (George III).
In dem oberen Teil des Tisches ist ein
Backgammon-Spiel eingebaut, ein
Schachspiel und ein Cribbage (Kartenspiel) untergebracht. Zieht man die un-
tere Schublade, läßt sich ein Lesepult
herausklappen, sowie zusätzlich links
und rechts – wie Sheraton empfohlen
hat – ein kleines Brettchen, auf das
man jeweils einen Kerzenständer stellen konnte. Die Montagen der dünnen,
sich nach unter verjüngenden Beine
auf Rollen vervollkommnet die Idee des
leicht transportierbaren Kleinmöbels.

74 Bonheur du Jour, englisch (George
III), um 1785.
Dies ist die englische Umsetzung des
französischen Typs, jedoch in vornehm-
mer Einfachheit, ohne Blumenmarkete-
rie und unnötiges Beiwerk.

Ich glaube, seine Fähigkeiten
und sein Wissen waren sein Ruin,
denn, indem er alles gleichzeitig
wollte, erreichte er nichts!«
Für Sheraton mußte ein Möbel
einen rationalen Zweck erfüllen
und nicht Eitelkeit und Luxus
befriedigen. Aus dieser puritani-
schen Ethik heraus entstand die
beste Möbeltypologie und Funk-
tionslehre aller Zeiten.

68

Backgammonspiel und ein Kasten, um
Handarbeiten zu verstauen, vorgesehen. Die spiralenförmig gemusterten,
balusterförmigen Füße sind typisch für
den Regency-Stil, der das Exotische
und Ungewöhnliche liebt.

76 Ständer für Leuchter, Torcheres,
England, frühes 18. Jahrhundert.

77 Wandschirme auf Holzgestell, England, um 1800.
Die bunten Paneele sind aus Glas und
stellen klassizistische Landschaften
mit Hirten, Reitern, Bäumen und Architektur dar. Die runden Bronzefassun-
gen weisen oben Tragebügel auf, so
daß man die Wandschirme, je nach Bedarf, im Raum leicht umplazieren kann.

78 Wandtischchen, England, spätes
18. Jahrhundert (spätes George III).
Die dem französischen Louis XVI sehr
ähnliche Grundform ist in Weiß gefaßt,
die im Relief geschnitzten Ornamente
sind golden. Die Deckplatte ist in Gris-
saille-Malerei geschmückt und mit feinen Glockenblumengirlanden, Musikin-
strumenten, Bändern und einer klassizistischen Figurendarstellung versehen. Der umlaufende Fries zeigt alle
klassizistischen Motive: Urne, drapierte
Girlanden, Akanthus und Rosetten.

75 vorhergehende Seite:
Ein Paar Gelegenheitstischchen, ausgestattet zum Lesen, Handarbeiten
und Spielen. England, Regency-
Periode.
In diese Mehrzwecktischchen sind
sowohl ein Schachbrett wie auch ein

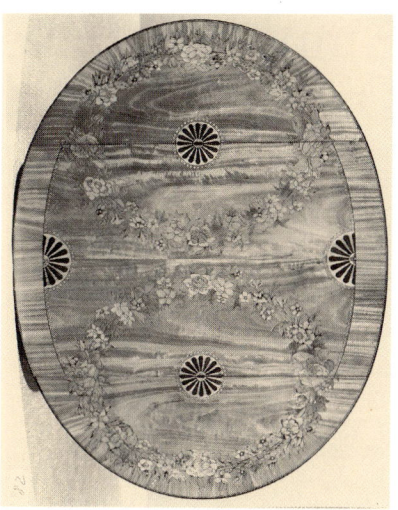

Sheraton zufolge vom Bischof von
Canterbury »erfunden« wurde, der ein
solches Möbelstück als Notenständer
anfertigen ließ. Canterburys haben
meistens, wie auch dieses Modell,
noch eine kleine Schublade eingebaut.

80 Whatnot, Etagere, englisch, um
1830.
Mahagoni mit gedrehten Beinen, zwei
Ablagebrettern und einem Kasten mit
Schublade.

81 Tischplatte eines Pembroke Tables,
England, spätes 18. Jahrhundert.
Ein Pembroke Table ist ein kleiner,
meist ovaler Klapptisch mit zwei herunterklappbaren Seiten. Sheraton
schreibt darüber: »Pembroke Table ist
der Name für einen Frühstückstisch.
Seine Bezeichnung bezieht sich auf
die Gräfin von Pembroke
(1737–1831), die einen solchen Tisch
als erste in Auftrag gegeben haben
soll.« Der Pembroke Table mit seinen
klappbaren und runden oder eckigen
Enden sowie meist auf Rollen montier-
ten Beinen gehörte zum Standardre-
pertoire des englischen Occasional
Furniture.

79 Canterbury, England, um 1880.
Mahagoni mit drei Fächern, ausgeführt
von Edwards & Roberts, mit gedrehten
Beinen und kleinen Rollen ausgestattet.
Der Canterbury zählt wohl zu den ty-
pischsten englischen Kleinmöbeln, die

Empire und Regency: Die Antike als Vorbild

Empire

Mit dem Empire-Stil wurde zu Beginn des 19. Jahrhunderts in Kontinental-Europa ein neuer Stil geboren (ein Stil aus der Retorte!). Die Stilidee ging von Frankreich aus, wo sich Napoleon 1804 zum Kaiser hatte krönen lassen. Schon der Name »Empire«, der sich aus dem »römischen Imperium« ableitete, wies auf den neuen Kaiser hin. Das Empire stand damit vor einem politischen Hintergrund und spiegelte die neuen, politischen Ideale wieder, die sich vom Vorhergegangenen schon motivisch

und formal unterscheiden mußten. So fehlten die aufwendigen Einlegearbeiten, die als Sinnbild des »Ancien Régime« angesehen wurden. An ihre Stelle traten ruhige, großzügige Holzflächen, meist aus Mahagoni, und später, als 1810 die Engländer die sogenannte Kontinentalsperre erließen, und es sehr schwierig wurde, tropisches Holz aus Westindien einzuführen, verwendete man Nußbaumfurniere, Esche, Pappel und verschiedene Wurzelhölzer. Beibehalten, aber völlig abgewandelt wurden Beschläge aus vergoldeter, mattierter oder brunierter Bronze. Sie waren reliefartig flach und in ihren Umrissen sehr dekorativ gestaltet. Diese Beschläge lassen die Ideologie dieses heroischen Stils erkennen, der nach außen in einer Noblesse auftritt, die in den Bildern dieser Zeit ebenfalls spürbar ist. In ihnen lebt die Formenwelt des römischen Reiches und der alten Mythologie weiter. Quadrigen (Pferdegespanne) aus Bronze, fein ziseliert, ziehen über die Friese der Möbel, kriegerische

82 Empire-Mode.

83 Guéridon, Frankreich, um 1810. Feuervergoldete Bronze, Wurzelholz und Marmor.
Heraldische Motive wie Löwenfüße, Adler und Blattvoluten sind deutliche Merkmale für den Empire-Stil.

84 Nähtischchen, Wien, um 1810.

85 Nähtischchen, Wien, um 1820.

86 Kleines Tischchen, Wien, um 1810.

87 Guéridon, Wien, um 1810.

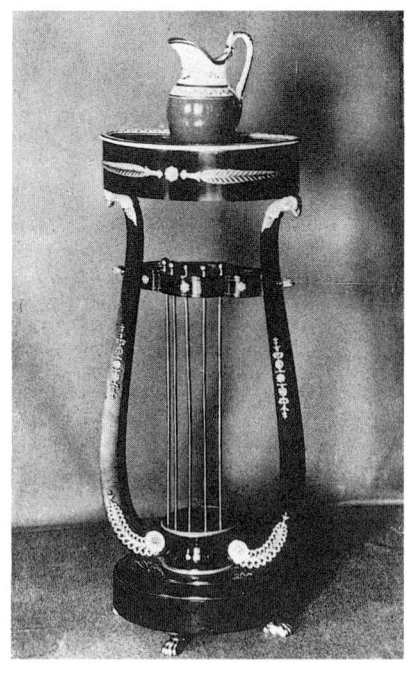

88 Etagere, Wien, um 1810.
Dieses Möbel beweist deutlich, wie die
Möbelkunst im Empire einen eigenständigen Weg beschritten hat und ei-
genwillige, sehr ästhetische Möbelformen schaffen konnte.

89 Dumbwaiter, Wien, um 1810.
Eine Version des englischen Möbeltyps
im Geschmack des Empire, mit goldenen Löwenfüßen, Palmettenbeschlä-
gen und einer eigenwilligen, strengen
Formgebung.

Typische Stilmerk-
male des Empire.

90 Adler aus
feuervergoldeter
Bronze des Guéri-
dons von Ab-
bildung 84.

91 Stilisierte Pal-
mette des Guéri-
dons von Ab-
bildung 83.

92 Fabeltier, Am-
phore und stilisier-
te Rauchwolken zu
einem phantasie-
vollen Möbelbe-
schlag umgestaltet
sind typisch für
den Empire- und
Regency-Stil.

93 Der Drawing Room von Watering-
bury-Place, Maidstone, Kent.
Hier sieht man, wie das Kleinmöbelpaar
von Abbildung 75 neben den zwei Sofas disponiert war. Sie dienten zum
Schachspiel, Backgammon, Kartenspiel und zur Handarbeit, je nachdem,
welchen Teil man aufklappte. Der In-
nenraum verbindet Shippendale- und
Regency-Stil. Die Sofas stammen aus
der Zeit 1770/75, das Pagodenkabi-
nett im Hintergrund etwa von
1750/60; der Tisch links außen und
die beiden kombinierten Spiel- und
Handarbeitstischchen gehören der Re-
gency-Epoche an.

Trophäen wie Helme, stilisierte
Lorbeerblätter, heraldische Adler
schmücken die Möbel wie Feld-
zeichen die Legionen. Die Staats-
macht wird durch Rutenbündel
repräsentiert, der Sieg durch ge-
flügelte Siegesgöttinnen in
durchsichtigen Schleiern, der
Überfluß durch Füllhörner, die
Muse durch die antike Lyra. Die
Bacchusmasken, die Hermen, der
Isis-Kult spielen ebenfalls für die
Dekoration eines Möbels eine bedeutende Rolle.
Wohl das typischste Kleinmöbel
dieser Zeit war der sogenannte
Dreifuß, ein kleines Metallmöbel,
das direkt auf römische Vorbilder
zurückgeht und bei Ausgrabungen in Pompeji gefunden wurde.
Es diente als Gelegenheitstischchen, hatte drei Metallfüße, die
in stilisierte Löwenpranken übergingen, und einen Metallring, der
in den Marmor oder Porphyr ein-

gelassen war. Im Gegensatz zum Kleinmöbel des Louis-XV-Stils ist es schwierig, diese Möbel als wohnlich zu bezeichnen. Sie strotzten vor pompöser Dekorativität wie andere Kleinmöbel des Empire, waren aber dennoch sehr funktional: Man verwendete sie als Jardinieren, Guéridons oder Toilettentische.

Besonders schöne, wohnliche Varianten hat der Empire-Stil in den ersten Jahrzehnten des 19. Jahrhunderts in Wien hervorgebracht (Abbildungen 84–89). Auch in Preußen hatte der große Architekt Karl-Friedrich Schinkel für das Berliner Schloß 1809 Möbel aus Birkenholz entworfen, die im Sinne des Empires empfunden sind, jedoch nichts »Napoleonisches« mehr haben. Sie basieren auf einem gewissenhaften Studium der antiken Vorbilder und strahlen die »schlichte Einfalt und edle Größe« aus. Sie sind darin Sinnbilder der deutschen Romantik.

Regency

Wenn Möbelstile bisweilen durch unerwarteten Phantasiereichtum angenehm auffallen, so trifft das mit Sicherheit für den englischen Regency-Stil zu. Er ist nach George Augustus Frederick Prince of Wales benannt, der zwischen 1811 und 1820 für seinen Vater King George III die Regierungsgeschäfte geführt hat. Er starb, als George IV, 1830. Diese Stilperiode hat zunächst viel Ähnlichkeit mit dem französischen Directoire-Stil und dem

»Retour de l'Egypte«-Stil, der Napoleons Rückkehr aus Ägypten 1799 feierte. Ohne sich wie in Frankreich zum reglementierten und strengen Empire-Stil zu verhärten, ist der Regency-Stil ein geistreicher Kunststil, der in gestalterischer Freiheit chinesische, indische und vor allen Dingen ägyptische Motive als Idee aufgreift, um phantastische Möbel und Inneneinrichtungen zu prägen. Als orientalischen Traum hat John Nash, der begabteste Vertreter dieses pittoresken Einrichtungsstils, für den Prinzregenten den Royal Pavilion in Brighton als märchenhaftes Tahj Mahal ausgestattet. Lotusblüten, Drachen, Chinesendarstellungen, exotische Vasen, Schlangen, Baldachine und antike Motive vereinigen die fremdartigsten Stile der ganzen Welt in diesem Meisterwerk.

Besonders die kleinen Möbel dieser Epoche waren dazu geeignet, etwas von diesem orientalischen Zauber wiederzugeben. Dumbwaiters, Beistelltische, Arbeitstischchen und Etageren sind mit goldenen Löwenfüßen, Messingeinlagen, kleinen Delphinen und den merkwürdigsten Ornamenten geschmückt, wenn sie nicht sogar vollkommen nach exotischen Vorbildern gearbeitet sind. Da sie in ihrer freien Exotik oft sogar den Jugendstil vorwegnehmen und ähnliche, unabhängige Kreationen darstellen, sind Regency-Kleinmöbel heute sehr gefragt. Sie geben einem modern eingerichteten Interieur exotisches Flair.

94 Kombiniertes Schreib- und Arbeitstischchen, England, um 1810.
In die rechte Tischplatte ist ein achtek-
kiges Bild, das ein kleines Kind beim
Überqueren eines Flusses darstellt,
eingelegt (Aquatinta). Die Umrandung
der Tischfläche und des Bildes durch
ein mäanderartiges, durchbrochenes
Gitter gibt dem Möbel ein klassizisti-
sches Aussehen. Unterhalb des Gitters
verläuft ein wellenförmiger Fries, ebenfalls aus vergoldetem Metall. Die
Schublade ist mit Tintenfässern und
Schreibplatte ausgestattet. Typisch für
den Regency-Geschmack sind die runden Beine, die in vergoldete Löwenfüße auslaufen. Sogar die X-förmige Verstrebung, die dem Möbel die notwendi-
ge Stabilität verleiht, ist in ihrer Profilierung typisch für den Regency-Stil.

Kleinmöbel im Biedermeier

Wenn eine Stilbestrebung im 19. Jahrhundert aus einer schlichten Gesinnung entstanden ist, so ist das der Biedermeier-Stil. Ihm widersprach das Großspurige und das sklavische Kopieren antiken Gedankenguts, mit dem sich in den vorhergegangenen Epochen die Mächtigen allzu leicht identifiziert haben. Man wandelte nicht auf elysischen Feldern, noch fühlte man sich als römischer Senator, sondern versuchte, seinen an der Klassik orientierten Idealen eine bescheidene, aber wahrhafte Form zu geben. Keine schrankenlose, utopische Illusion wurde angestrebt, sondern das greifbare Ideal der Zweckmäßigkeit, der Harmonie zwischen Möglichkeiten und Anspruch – für die Gestaltung eines

Möbelstückes ein äußerst moderner Grundsatz. Es regierte die an der Zweckmäßigkeit orientierte und nicht die inadäquate Formgebung wie es im vorhergehenden Empire-Stil oder den nachfolgenden Stilbestrebungen des Historismus der Fall war.

In den Biedermeier-Möbeln finden sich überlegte, durchdachte und zweckmäßige Gestaltungsgrundsätze, die man als höchstes Ideal der Wohnlichkeit betrachten konnte. Das Biedermeier-Interieur zwischen 1815 und 1848 war auf Bequemlichkeit und Solidität abgestimmt. Der Handarbeitstisch stand am Fenster, die

96 Biedermeier-Interieur.

97 Toilettentisch, Süddeutschland, um 1830.

Wände waren hell tapeziert, Schlichtheit dominierte anstelle prunkvoller Überladenheit. Diese Gesinnung wird auch bei der schlichten und biederen Ausführung eines jeden Möbelstückes spürbar. Im Biedermeier-Möbel erschien ein massives Brett auch als solches und eine Stützsäule war dort offen angebracht, wo sie dem Zwecke diente, ohne daß sie durch überladenen Zierrat vertuscht war. Man verwendete für glatte Flächen handgeschnittenes, zwei bis vier Millimeter dickes Furnier, das aber nur an den Sichtflächen angebracht war. An den Stützen und Innenseiten wird oft das Pappelholz sichtbar.

Zum Furnieren wählte man hauptsächlich einheimische Hölzer wie Birke, Nuß, Birne, Pappel, Eibe und Kirsche, allerdings nur im Süden, während im Norden Deutschlands Mahagoni als Furnier nie aus der Mode gekommen ist. Nicht vorhanden waren aufwendige Einlegearbeiten.

Man beschränkte sich auf dünne Linien, die als heller Strich eine Kontur betonten, und, vor allen Dingen bei hellen Möbeln, auf schwarz-polierte Partien, die die schlichten Formen oft noch unterstreichen sollten. So gibt es kleine Tische aus hell-poliertem Holz, an deren Unterkante lediglich ein schwarz-polierter Streifen läuft. Diese Beschränkung auf relativ wenige Gestaltungsmittel war bezeichnend für den sympathischen und angenehmen Charakter des Biedermeier-Möbels.

In der Wahl der Formen kombinierte der Schreiner ein standardisiertes Repertoire aus geraden brettartigen Elementen, sich nach unten verjüngenden Beinen, glatten Säulen, leicht geschwungenen Beinen und dem Lyra-Motiv, so wie es in den Vorlagenbüchern von Sheraton publiziert wurde. Nur dann und wann tauchte ein Palmetten-Muster, eine griechische Vase oder ein dezenter Fries auf, denn zur Weltanschauung des Biedermeier-Bürgers gehörte maßvolle Bescheidenheit.

Der Name Biedermeier stammt ursprünglich von einer Gedichtsammlung her, die ein Dorfschullehrer namens Friedrich Sauter um 1845 verfaßt haben soll. Sie wurde von dem Landarzt Adolf Kußmaul 1853 unter dem Pseudonym »Gottlieb Biedermeier« veröffentlicht. Aus dieser spöttisch gemeinten Publikation wurde jedoch einige Jahre später ein Begriff für eine ganze Epoche, die man in Deutschland etwa von 1815 bis zur März-Revolution 1848 ansetzt.

In ihren Kleinmöbeltypen lehnte sich das Biedermeier-Möbel stark an englische Vorbilder an, weil sie das Ideal einer rationalen Zweckmäßigkeit verkörperten. Hier wurde Thomas Sheraton (1751–1806) zum bedeutendsten Vorbild, und bereits 1802 wurde sein populäres Fachbuch »Cabinet Dictionary« mit vielen Abbildungen, Vorschlägen und Techniken in die deutsche Sprache übersetzt. Blättert man diese Möbelkunde durch, findet man nicht

98 Entwürfe für Arbeitstischchen,
Wien, um 1820.

nur einzelne Details, die von den
Biedermeier-Schreinern exakt kopiert wurden, sondern auch kom-
plette Möbeltypen, die direkt
nach seinen Zeichnungen angefertigt worden sind. Von
Sheraton wurden für die Biedermeier-Möbel die lyraförmig gestalteten Wangen oder die Füße
übernommen, die zunächst senkrecht verliefen und dann in zwei
»säbelförmige« Ständer übergingen. Viele Näh- und Arbeitstischchen erhielten durch diese Kon-
struktionsart einen ruhigen
Stand und ein elegantes und har-
monisches Aussehen.
Direkt von Sheratons Anlei-
tungsbuch wurde der Typ des sogenannten »Patent-Sekretärs«
kopiert, ein Kleinmöbel, das zu
einem brettartigen, flachen, waa-
gerechten Kasten zusammengesetzt war, dessen Vorderseite
man herunterklappen konnte, so
daß bei Bedarf eine kleine
Schreibfläche zur Verfügung
stand. Tragendes Gestell und aufklappbarer Kasten erinnern in ihrer einfachen Konzeption wieder
an die in der Einleitung bereits
erwähnten Reisemöbel.
Eine Variation zu diesem Patent-Sekretär stellte das sogenannte »Staffelei-Kabinett« dar,
das nicht nur im Biedermeier,
sondern auch später noch sehr
beliebt war. Es ging von einer
praktischen Idee aus: Auf einer
Staffelei, wie man sie aus der Malerei kennt, war ein flacher, senk-
rechter Kasten angebracht, aus
dem sich die Schreibplatte, wie
beim Patent-Sekretär, herausklappen ließ.

Kleinmöbel der europäischen Möbelindustrie 1850–1900

Daß der viel umstrittene Zeitraum zwischen 1850 und 1900 in seiner Konstruktivität und Dimension einmalige Qualitäten hervorgebracht hat, wird erst aus der heutigen Sicht im späteren 20. Jahrhundert deutlich. Das Zeitalter der ersten industriellen Massenproduktion scheint immer mehr sein eigenes Gesicht zu zeigen, je weiter man sich von ihm entfernt. Aus diesem Abstand wird es zum Zeitalter des Eisens. Eisen bestimmte das Jahrhundert. Aus Eisen wurden Werkzeugmaschinen gebaut, die wiederum Eisenprodukte herstellten. Sie hobelten, frästen und stanzten. Aus Eisen waren die ersten

Rotationsdruckmaschinen, aus Eisen waren die automatischen Webstühle (bereits 1812 gab es in Frankreich 11 000 dieser Art, ganz abgesehen von der Bedeutung der automatischen Webstühle in Amerika), aus Eisen wa-

99 Der Kristallpalast, in dem 1851 auch Möbel zu sehen waren.

100 Handarbeitstischchen von Michael Thonet, Wien 1850.
Dieses frühe Kleinmöbel war als Demonstration für die Möglichkeiten der Bugholztechnik 1851 auf der ersten Weltausstellung in London zu sehen. Die runde Tischplatte läßt sich aufklappen, so daß man Näh- und Handarbeitszeug in dem gewölbten Behälter unterbringen kann.

ren die ersten Dampfsägen, Dampfwalzen, Dampfmaschinen, die fahrbaren Bohrmaschinen, die zur Förderung der Kohle eingesetzt wurden, die wiederum die Dampfmaschine heizte. Dampfhämmer aus Eisen in Dinosauriergröße wurden zur Stahlverarbeitung eingesetzt. Dampf und Eisen bestimmten als große Formel das Jahrhundert und machten es zum Jahrhundert der Superlative. Verständlich ist auch, daß die Kritik einiger Zeitgenossen an diesem Jahrhundert angesichts der großen Erfolge verblassen mußte. Wer wollte schon einen Ruf wie »zurück zum einfachen Handwerk« hören im Hinblick auf die ungeheuren, expansiven Möglichkeiten, die dieser globale Fortschritt versprach nach der Formel: Rohstoffe aus den Kolonien, Verarbeitung zu Industriegütern im eigenen Land.

Verständlich wird auch, daß man bei diesem Aufschwung nicht nach neuen Stilen suchen wollte. Von den Kolonien her war man das Ausbeuten gewöhnt. Mit derselben Gesinnung machte man sich daran, seine eigene Vergangenheit nun auch stilistisch auszubeuten, um sie in das System zu integrieren. Der Imperialismus fand auch auf dem Gebiet der schönen Künste statt.

In dieser ersten großen Zeit, in der man glaubte, alles sei verfügbar, wurde es für den kritischen Betrachter bald allzu logisch, daß Grundsätze wie Materialtreue, Handwerksethos und künstlerische Originalität unlieb-

same Größen waren. Zu stürmisch verlief der Fortschritt, den die neuen Produktionsmittel verhießen. Anstatt zu denken, wurden Maschinen gefüttert: Schnitzmaschinen wurden so programmiert, daß sie Friese im Stil der Renaissance aus dem Holz schnitten, Säulen drehten und Akanthusblätter kopierten; den Gußeisenherstellern war es egal, ob ihr Eisen in gotische, griechische, renaissance- und rokokoartige Formen floß, solange die Produkte gut absetzbar waren und Profit versprachen. Bei aller Kritik an dieser Produktionsmethode sollte man nicht vergessen, daß hier ein neues Zeitalter angebrochen war, das in dieser Form spätestens mit dem Ersten Weltkrieg zu Ende ging und anderen, in weltökonomischer Sicht noch verrückteren Produktionsprinzipien Platz gemacht hatte.

Die Weltausstellungen

Nirgendwo wurde die Ideologie des ersten großen Industriezeitalters deutlicher als auf den großen Weltausstellungen, die bereits seit 1851 veranstaltet wurden. Allein die Veranstaltungsorte lassen erkennen, daß nicht nur das alte Europa eine Rolle spielte. 1851 wurde die erste und wohl aufsehenerregendste Ausstellung in London veranstaltet. Man re-

101 Kleines Zylinderbüro, das dem Louis-XVI-Stil, wie ihn David Roentgen vertrat, nachempfunden ist.

102 Jardiniere aus Bronze und chinesischer Lackimitation, um 1900.
Das Möbel ist aus historischem Formrepertoire zusammenkomponiert und zeigt eine ähnliche Phantastik wie die gleichzeitigen Jugendstilmöbel, jedoch eine andere Formensprache.

gistrierte 17 000 ausstellende Firmen und 6 Millionen Besucher! 1855 folgte Paris, 1862 London, 1867 wieder Paris, 1873 Wien, 1876 Philadelphia, 1878 und 1889 wieder Paris (Erbauung des Eiffelturms), 1893 Chicago, schließlich fand 1900 die größte aller Ausstellungen in Paris statt. Da diese Veranstaltungen gleichzeitig große Selbstdarstellungen waren, liefern sie heute wertvolle Informationen über die Produkte der damaligen Zeit. Bereits 1851 erschien zur ersten Weltausstellung ein überaus reich bebilderter, großformatiger Katalog. Dieser »Art Journal Illustrated Catalogue« berichtet von allen Novitäten der angewandten Künste und zeigt von der Gabel bis zum Teekessel, vom Klavier bis zur Gardinenstange alles, was zum damaligen Haushalt gehörte. Neben sehr viel Konventionellem wurde hier zum ersten Mal die Bugholztechnik der Gebrüder Thonet vorgestellt, außerdem Möbel aus Papiermaché als Versuch, dem Massenbedarf preisgünstig entgegenzukommen, und Möbel aus Gußeisen sowie Möbel aus Japan, die in der zweiten Hälfte des 19. Jahrhunderts eine große Rolle spielen sollten.

Stilimitationen

Gleichzeitig konzentrierte sich der größte Teil dieser neugeschaffenen »Kunstindustrie« auf Stilimitationen, das heißt, man kopierte rationell mit Hilfe der Maschinen die ursprünglich vom Kunsthandwerker geschaffenen Möbel der vorhergegangenen Jahrhunderte.
Das Bedürfnis nach Luxusgütern war in diesem »Jahrhundert der Wirtschaft« enorm angewachsen. So lag es nahe, daß man, um seinen neuerworbenen Wohlstand zu repräsentieren, auf Stil- und

103 Kleiner Dreifuß-Klapptisch, England um 1880.
Die Platte ist mit einem heraldischen Pfauenmotiv verziert, das orientalischen Lackarbeiten nachempfunden ist. Die »Pfauenaugen« sind durch schillernde Perlmuttauflagen hervorgehoben.

104 Kombinierter Spiel- und Arbeits-
tisch, England um 1870.
Wie es für Kleinmöbel typisch ist, läßt
sich dieser Tisch mehrfach verwenden.
Die aufgeklappte Platte kann zum
Schachspiel oder Backgammon dienen; der unter dem Oberteil ange-
hängte Beutel kann wie eine Schublade vorgezogen werden und Nähzeug
aufnehmen. Die beiden Seitenwangen
sowie die Querverbindungen sind aus
vollem Holz gedrechselt.
105 Kleiner Handarbeitstisch aus
Palisander mit Einlegearbeiten, England, Mitte des 19. Jahrhunderts.
Die gedrehten Füße sind typisch für
den viktorianischen Geschmack.
106 Handarbeitstischchen, englisch,
Ende des 19. Jahrhunderts. Die Platte
ist aufklappbar und ergibt ein Spielbrett. Der Holzkasten unter der Schublade dient der Aufnahme von Nähutensilien. Die gedrechselten Füße
sind auf Rollen montiert.
107 Nähtischchen aus Deutschland,
um 1860. Eingelegte, aufklappbare
Tischplatte und reich geschnitztes Untergestell. Die Zurückhaltung, die man
von Biedermeiermöbeln her kennt, ist
hier bereits aufgegeben zugunsten einer pompöseren Detaillierung.

Repräsentationsformen vergangener Zeiten zurückgriff.
Damals hatte man mit der neu-
entwickelten Technik die Möglichkeit, auf rationelle Weise Möbel zu produzieren, die bereits damals schon den Eindruck antiken
Mobiliars vermitteln sollten.
Das aufstrebende Bürgertum und
die neureiche Industrie boten für
derlei Güter einen schier unerschöpflichen Absatzmarkt. Dieses Phänomen ist in allen Indu-
striestaaten zu finden.
In Frankreich bevorzugte man im
Second Empire – im zweiten Kaiserreich 1848 bis 1870 – die
prächtigen alten Königsstile, angefangen beim Stil des Sonnenkönigs bis zum späten Louis XVI.
Die Kaiserin Eugènie selbst ver-
ehrte Marie Antoinette und ihren
Lebensstil (Louis XVI). In
Deutschland wandte man sich
der eigenen Geschichte zu und

fand unerschöpflichen Motiv-
reichtum in der deutschen und
flämischen Renaissance.
Auch in England, das stilistisch
nie ganz den Kontakt zum
Mittelalter abgebrochen hatte,
ging man nun dazu über, die eigenen Vorbilder aus der Gotik und
der Renaissance nicht nur sinn-
gemäß umzusetzen, sondern direkt zu kopieren. Heute wertet
man dies als Stilinflation, früher
bildete diese konservative und
plagiative Geisteshaltung wohl
einen retardierenden Ausgleich
für die allzu progressive und
weltverändernde Entwicklung
der Industrie. Wenn sich diese gebräuchlichen Stilbezeichnungen
zeitlich nicht genau decken, so
haben sie trotzdem einige Ge-
meinsamkeiten. Die meisten
Kleinmöbel dieser Zeit sind industrielle Fertigungen, mehr oder
weniger historisch, wenn nicht

sogar direkte Kopien vorherge-
gangener Stile. Dennoch gibt es
modische und mentalitätsbeding-
te Unterschiede.

Kleinmöbel im vikto-
rianischen England

Gab es schon im Regency-Stil
(1800–1830) zahlreiche Kleinmöbel, die das Leben komfortabler
machten, so setzte sich diese
Entwicklung im viktorianischen
Stil, der nach der Königin Viktо-
ria, die zwischen 1837 und 1901
regierte, benannt ist, fort. In dieser etwa sechzig Jahre andauern-
den Periode unterscheiden sich
die Möbel kaum von Sheratons
bereits komplett formulierter Ty-
pologie. Lediglich ihr »stilisti-
sches Gewand« hat sich geändert,
und es sind einige neu-erfundene
Herstellungstechniken hinzuge-

108 Oberflächendetail, wie es bei viktorianischen Kleinmöbeln und vor allen Dingen bei Schatullen vorkommt. Die feinen Holzmuster wurden erzeugt, indem man zunächst Leisten aus verschiedenen Hölzern verleimte und sie dann in Furnierdicke senkrecht schnitt, daß geometrische Muster entstanden.

109 Detail einer Tischoberfläche; das für ostasiatische Lackarbeiten so typische Relief wurde hier imitativ in eine Papiermaché-Masse gepreßt, die danach lackiert wurde. Die Pfauenaugen sind aus aufgelegten Perlmuttplättchen.

110 Maschinengedrechselter Fuß aus Mahagoni.

kommen. Nach wie vor bestimmten »Dumbwaiter«, »Trio«- und
»Quartetto«-Satztische, »Sofa
tables«, Musikpulte, Spieltische,
drehbare Bibliotheken und Handarbeitstischchen das Bild. Sie alle
gab es in solider Mahagoni-
ausführung, aber auch in neuen
»Ersatzmaterialien«, die für den
Sammler interessant sind.

Kleinmöbel aus Papier-maché

Kleinere Artikel aus Papiermaché
wie Tabletts, Dosen und Käst-
chen spielten im viktorianischen
England eine besondere Rolle.
Bemerkenswert ist auch, daß in
dem schwarz-lackierten Papiermaché zahlreiche Kleinmöbel
hergestellt wurden. Bereits der
große Weltausstellungskatalog
von 1851 zeigt einige sehr form-
schöne Modelle. Zur besseren
Haltbarkeit konnten sie mit Holz
oder mit Metall verstärkt werden.

111 Detail einer Etagere, Frankreich
um 1880.
Bambusimitationen waren in der zweiten Hälfte des 19. Jahrhunderts in
England und Frankreich große Mode.
Meist waren die aus Buchenholz gedrechselten Stäbe golden angemalt.

112 Verzierung eines Papiermâché-
Möbels.
Die schwarz lackierte Oberfläche wurde durch aufgesetzte Perlmuttsplitter
verziert.

113 Detail aus einem Fuß für ein Nähtischchen von Michael Thonet. Es zeigt
deutlich die Möglichkeiten, die das
Dampfbiegeverfahren bietet.

114 Sekretär mit aufklappbarer Platte
und schrankartigem Aufsatz, um 1870.
Antiker Zierat und Zierformen wurden
nach dekorativen Gesichtspunkten
und nicht nach historischer Genauig-
keit zusammenkomponiert.

Voraussetzung zur Herstellung
dieser Möbel war ein Papier-,
Kleister-, Kreide- und Sand-Ge-
misch, das als homogenes Material leicht modelliert werden
konnte. Als vorteilhaft galt das
leichte Gewicht des Materials sowie die Möglichkeit, mit der Masse schwungvolle Kurven auszuführen, die in Holzausführung
wesentlich teurer gewesen wären.
Vor allen Dingen bot Papiermaché einen guten, glatten Untergrund für Bemalungen und Lak-

kierungen, denn im Aussehen
konnten die Oberflächen leicht
mit japanischen Lackarbeiten
konkurrieren, zumal man in die
Masse feine Reliefs eingießen und
die schwarz-gelackte Fläche zusätzlich mit Perlmuttbelag oder
Abziehbildern effektvoll dekorie-
ren konnte. In dieser Technik
wurden die beliebten Canterburys
ausgeführt, jene Noten- und Zeit-
schriftenständer, die aus mehreren, hintereinander angeordneten
senkrechten Flächen bestanden,
zwischen die man Notenhefte
oder Zeitungen steckte. Die Farbe
der Canterburys ist, wie die meisten Papiermaché-Produkte,
schwarz, die dann mit farbigen
Blumenmotiven verziert wurden.
Einer ähnlichen Beliebtheit er-
freuten sich auch die Satztische,
deren Papiermaché-Oberseiten
reichlich geschmückt und ausge-
malt waren, manchmal mit Ge-
mäldekopien in goldenen Rah-
men, mit Schachbrettern aus
Perlmutt oder mit den beliebten
Blumenbouquets. Außerdem liebte man die Papiermaché-Näh-
tischchen mit den reich ausge-
statteten Utensilienkästen, neben denen wiederum die Dreifuß-
tische mit der umklappbaren
Platte eine große Rolle spielten.

115 Etagere, England um 1870.
Vier halbkreisförmige, schwarz polierte
Ebenen zwischen gedrehten Säulen.
Dieses Möbel mit seinen Blumengirlan-
den, Perlmutteinlagen und Goldverzie-
rungen auf schwarzem Grund ist typisch für den Geschmack der viktorianischen Zeit. Es diente zur Ausstellung
der damals sehr beliebten
»Nippsachen«.

116 Gelegenheitstischchen im asiatischen Stil. Möbel dieser Art wurden in Ostasien für den Export nach Europa gebaut. Asiatische Möbel waren in der zweiten Hälfte des 19. Jahrhunderts in England, Deutschland und Frankreich eine beliebte Sache. In diesem Stil gibt es Satztische, Säulen für Zimmerpalmen mit eingelegter Marmorplatte sowie kleine Vitrinenschränkchen.

117 Kleiner Gelegenheitstisch aus Bambus, England um 1890.
An den drei Beinen sind jeweils drei kleine Plateaus angebracht, die sich beliebig ausschwenken lassen. Paravent im ostasiatischen Stil mit Bambus, jedoch mit einer an die Barockzeit erinnernden Füllung mit großer Goldkartusche und einem Stilleben. England um 1890.

118 Damenschreibtisch »bureau de dame« mit elegant geschwungenen Beinen, schwarz poliertem Holz und ausgesägten Messingeinlagen, Frankreich, spätes 19. Jahrhundert. Solche harmonischen Möbel gibt es seit dem Napoleon-III, wo die schwarz polierte Oberfläche bevorzugt wurde.

Diese Occasional tables (Abbildung 103) waren so konzipiert, daß man sie, wenn sie zeitweilig nicht gebraucht wurden, mit der umgeklappten Platte an die Wand stellen konnte. Die Landschaften oder Blumen auf der Deckplatte waren dann als Bild zu sehen.

Diese Art Möbel gehören zu den Merkwürdigkeiten der viktorianischen Zeit und sind typische Zeugnisse für die damalige Wohnkultur, auch für das Streben der Industrie, kosten- und materialsparend schöne Produkte anzubieten. Diese englische Erfindung wurde 1850 auch von den Franzosen übernommen, die

ebenfalls in Serienproduktion dekorative Papiermaché-Kleinmöbel herstellten.

Mit diesem neuen Material lebte im viktorianischen England die traditionelle Möbelherstellung weiter, die inzwischen allerdings als Serienproduktion in der Fabrik fortgesetzt wurde. Am Fließband wurden Tischplatten, Tischfüße und geschmückte Partien in Einzelteilen hergestellt, die dann zusammengesetzt wurden. Stilistisch reichen diese Möbel vom elisabethanischen und gotischen Stil über einen merkwürdigen, dem Jugendstil ähnlichen Naturalismus bis zum Neorokoko.

119 Spieltisch im »Boulle-Stil«. Die Platte ist aufklappbar, so daß sie eine Spielfläche ergibt. Die Beine sind wie bei Louis-XV-Möbeln geschwungen. Die obere Platte sowie die Zargen und zwei Seiten der Beine sind mit Boulle-Marketerien verziert, die aus Metall und rot gefärbtem Schildpatt bestehen. Möbel solcher Art wurden um 1870 in großer Zahl hergestellt.

Second Empire – der »Style Napoléon III«

Den Einrichtungsstil des Second Empire (1848–1870) nennt man »Style Napoléon III«. Während sich das neue Paris durch die von Baron Haussmann projektierten Boulevards präsentierte, die große Oper gebaut wurde und die industrielle Entwicklung ein finanzstarkes Bürgertum geschaffen hatte, paßte man auch die Lebensgewohnheiten dieser neuen Entwicklung an. Das pompöse Zeitalter fand im Saale statt: Fortschrittliche Künstler waren verpönt, und die Freiluftmalerei der Impressionisten stellte in dieser Salonluft bereits eine Provokation dar.

Der »Style Napoléon III« ist ein typischer Salonstil, eine pathetische Mischung aus Renaissance, Rokoko und Louis XVI. Da dieser Stil sich stark am 18. Jahrhundert orientierte, war auch die Anzahl der Kleinmöbel beachtlich. Sie waren pompös aufgemacht mit Blumenbouquets auf schwarzem Grund, mit Lackmalerei-Imitationen, mit den berühmt-berüchtigten geschnitzten Negern, mit Imitationen aus Bambusholz, mit eingesetzten Plaketten aus farbig bemaltem Porzellan, mit überschwenglichen Bronzeverzierungen in glän-

zendem Gold. Die arabesquenhaf-
ten Boulle-Möbel, die den Stil des
Sonnenkönigs in dunklem Rot,
Schwarz oder Messing imitierten,
tauchen wieder auf. Im »Style
Napoléon III« läßt sich der gesamte Katalog der Kleinmöbel
wiederfinden. Die Arbeitstischchen bestehen aus einem buntbe-
malten Kasten, der auf zwei
Brettwangen oder auf einem Gestell mit zwei oder drei Füßen
steht, der meistens schwarz lak-
kiert und mit einem Ornament
bemalt ist.

Kleine Klapptische gibt es in jeder Ausführung: rechteckig mit
herunterklappbaren Seiten auf
vier Füßen, rund auf einem Dreifuß mit einem Ballusterschaft
und einer Platte, die in hochge-
klapptem Zustand als Bild zur
Geltung kommt. Als bevorzugtes
Motiv für die Bemalung wählte
man wieder üppige, zartfarbige
Blumenbouquets. Besonders charakteristisch für diese Zeit ist das
Guéridon, das ebenfalls in zahlreichen Ausführungen gebaut
wurde. Selbst heute werden die
kleinen Gelegenheitstische noch
kopiert, bei denen ein plastisch
geschnitzter Indianer oder Neger
die runde Platte hält.

Häufiger, aber nicht weniger dekorativ, sind Tischchen aus Bam-
busimitation, die aus mehreren,
übereinander angebrachten, reich
verzierten Platten bestehen und
wie kleine Etageren aussehen.
Die Spieltische haben meist geschwungene Beine, wie man sie
im Louis-XV-Stil kennt, und sind
reich verziert. Die Platten sind

aufklappbar und mit grünem Filz
ausgeschlagen. Ähnliche Kon-
zeptionen findet man bei den Da-
menschreibsekretären. Man erkennt sie an den geschwungenen
Füßen, oft blumenverzierten Zargen und einem kleinen Aufbau
mit Schubladen und Fächern.
Betrachtet man die Kleinmöbel,
so kann man feststellen, daß sie
in Umrissen und Grundformen
dem geschweiften Louis-XV-Stil
folgen, in der Oberflächendekora-
tion jedoch nicht die im 18. Jahrhundert hauptsächlich vertrete-
ne Marketerie, sondern statt dessen andere Techniken bevorzu-
gen. Das kurioseste Beispiel dürfte hier das sogenannte »Boulle-
Möbel« sein, das in seiner Oberflächenbehandlung eine Technik
von 1700 mit den Möbelformen
von 1750 kombiniert. Sie kommen um 1860/70 wieder in Mode.

Boulle-Möbel

Der Hofschreiner des Sonnenkönigs (Ludwig XVI.) André-
Charles Boulle (1642–1717) er-
fand eine neue Möbeldekora-
tionstechnik, die nach ihm benannt wurde.
Bei einer Boulle-Arbeit legte man
eine Schicht Schildpatt (ein Material, das aus dem Panzer der
Schildkröte gewonnen wird) mit

120 Rasiertisch, englisch um 1900.
Pate zu diesem praktischen Möbel
stand mit Sicherheit Sheraton, der Details wie der in der Höhe verstellbare
Spiegel und kleine angebaute Schatullen und Ablagen für Gegenstände bereits um 1800 propagiert hat.

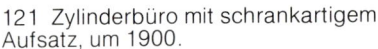

121 Zylinderbüro mit schrankartigem Aufsatz, um 1900.

122 Vitrine, um 1900.
Dieses Stück, das eine Stilmischung aus imitiertem Louis XV und Louis XVI darstellt, zeigt deutlich, daß um die Jahrhundertwende nicht allein der Jugendstil vorherrschend war. Wie auch heute, gab es damals nach wie vor sogenannte »Stilmöbel«.

123 Kleine Vitrine, um 1870.
Solche Möbel sind Phantasieprodukte des Historismus. Der geschweifte Unterbau ist mit Marketerien verziert und erinnert, auch in den Beschlägen, an eine Louis-XV-Kommode.

124 Kleiner Eckschrank mit etageren-förmigem, verspiegeltem Aufbau, um 1870.
Dieses Eckmöbel ist eine typische Schöpfung des Historismus.

einer Schicht Metall (Silber, Messing oder Zinn) zusammen und sägte dann ein Ornament aus. Das Ergebnis war eine positive und eine negative Schild-pattform beziehungsweise eine positive und negative Metall-form. Vertauschte man die Schichten, erhielt man einmal ein silbernes Motiv mit einer Schildpattfüllung und zum ande-ren ein Motiv aus Schildpatt mit einer Silberfüllung. Alle so ent-standenen »Bilder« wurden dann, ähnlich wie bei einer Marketerie, auf das Holzgestell eines Möbels aufgeleimt.
Diese manuelle Arbeitsweise war solange äußerst aufwendig, bis man Anfang des 19. Jahrhunderts zu mechanisierter Produktion

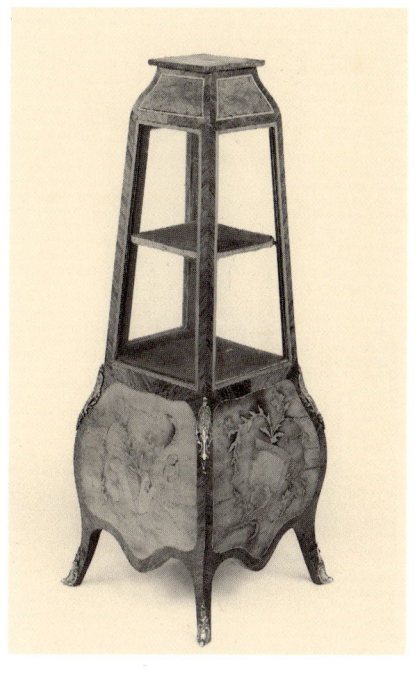

überging. Dabei prägte eine Maschine die Metallteile und füllte sie mit synthetischem Schildpatt. Dazu wurden Schildkrötenpanzer fein gemahlen und mit Gelatine und Leim gekocht. Diese synthetische Masse sah nach dem Trocknen wie echtes Schildpatt aus. Die im 19. Jahrhundert so entstandenen roten und schwarzen Boulle-Möbel kann man als reine Serienprodukte bezeichnen, bei denen die Ornamentpartien vorgefertigt und nachträglich in die Möbel eingesetzt wurden. In dieser Technik wurden Jardinieren, Etageren, kleine Damenschreibtische, Spiel- und Arbeitstischchen hergestellt.

Gründerstil

Die sogenannte Gründerzeit beginnt in Deutschland 1871 mit der Gründung des Deutschen Reiches durch Bismarck. Die Gründerepoche ist eine sehr expansive Zeit gewesen, in der die Städte wuchsen, Industrien aufgebaut wurden und im Bürgertum der Lebensstandard ständig stieg. Auch hier orientierte man sich an der Vergangenheit, an Alt-Nürnberg und der Renaissance, die in diesen Jahrzehnten als vorbildlicher Stil angesehen wurde. 1860 hatte der Kulturhistoriker Jacob Burckhardt die »Kultur der Renaissance in Italien« veröffentlicht und damit das Ideal der Zeit deutlich vorformuliert.

126 Kleiner Bistrotisch, Frankreich um 1920.

127 Schirmständer, England um 1880, aus Gußeisen.
Eisenmöbel waren seit der ersten Weltausstellung 1851 modern. Sie eigneten sich jedoch nur für Kleinmöbel, die große Standfestigkeit gewährleisten mußten.

125 Kleiner Tisch für einen Wintergarten, England um 1900.
Platte aus durchbrochenem Gußeisen. Der Fuß wird aus drei Delphinen gebildet, der Mittelfuß aus einem durchbrochenen Akanthusblatt, die Tischplatte aus einer gußeisernen Fläche, die mit einem abstrakten, orientalischen Ornament geschmückt ist.

So interessant das darauffolgende »altdeutsche Phänomen« des Wartburg- und Meistersinger-Stils auch gewesen sein mag, für die Kleinmöbel spielte es in dieser Zeit keine bedeutende Rolle. Man liebte die repräsentativen Renaissance-Buffets, die klobigen Eßzimmereinrichtungen mit ihren massiven Schnitzereien. Ein zierliches Kleinmöbel nach englischer Tradition oder französischem Muster fand in einem derart gestalteten Interieur keinen Platz. In Deutschland änderte sich diese Gesinnung erst mit dem Jugendstil und einer nach

128 Detail eines
Gartentischs, Eng-
land um 1880.
Gartenmöbel aus
Gußeisen waren im
viktorianischen
England große
Mode.

1900 wieder aufkommenden Neo-
biedermeier-Bewegung. Lediglich
ein Revolutionär konnte neben
diesem pompösen Aufleben der
Renaissance zu Wort kommen:
der Bugholzerfinder Michael
Thonet.

Kleinmöbel aus Bugholz

1851, auf der großen Weltausstellung in London, zeigte die Firma
Thonet aus Wien ein ganz ausgezeichnet gearbeitetes Kleinmöbel: einen Handarbeitstisch (Bild
100). Dieser Handarbeitstisch
mit einem spiralenförmigen, säu-
lenartigen Fuß war ein Experi-
ment und sollte den Ausstel-
lungsbesuchern eine Vorstellung
der neuen Möglichkeiten vermitteln, die in der Bugholztechnik
lagen. Bisher mußte ein Schreiner, wenn er eine geschwungene
Möbelform herstellen wollte, die-

se aus dem vollen Holz schneiden
bzw. Stück für Stück aneinander-
setzen. Bei dem hier gezeigten
Modell hatte Thonet dünne Leisten im Leimbad gekocht und sie
wie Sperrholz miteinander verleimt. Nach dem Erkalten und
Trocknen des Leims blieb die
durch Schablonen gehaltene
Form stabil.
Zeigt der 1851 der Weltöffentlich-
keit vorgestellte Handarbeitstisch zwar schon die für die spätere Produktion typische Form,
so stellt er technisch gesehen
noch ein Zwischen- und Experi-
mentierstadium dar. Thonet hatte schon 25 Jahre früher, zu dieser Zeit noch in Boppard am
Rhein ansässig, damit begonnen,
Rundungen durch Biegen des
Holzes herzustellen. Damals
schnitt er Furnierhölzer in Streifen, kochte sie in Leim und ließ
sie über entsprechenden Schablonen trocknen. Erst nach jahre-
langen Versuchen gelang es ihm,

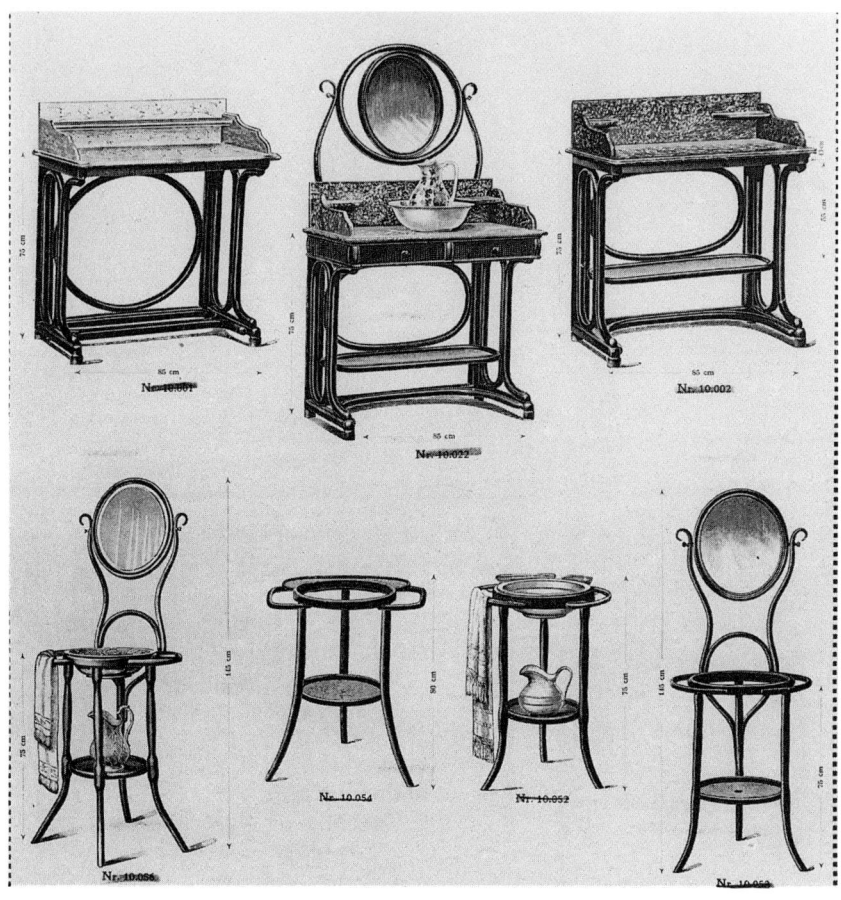

129 Toilettentische aus dem Programm der Gebrüder Thonet. Das Katalogblatt stammt aus dem Jahre 1904 und zeigt Thonets Ausformung eines Kleinmöbeltyps in Bugholz.

einen vollen Buchenrundstab so zu biegen, daß er die gewünschte Form annahm und später auch beibehielt. Das Biegen dieser massiven Hölzer verursachte zuerst große Schwierigkeiten, denn das Material brach entweder auf der Außen- oder auf der Innenseite der Krümmung auseinander. Um das Holz entsprechend flexibel zu machen, ging Thonet vom bisherigen Leimbad zu einer mehrstündigen Behandlung im Wasserbad über, das die Elastizität des Holzes erhöhte, so daß es in gußeiserne Metallformen gezwängt und getrocknet werden konnte. Erst dieses Verfahren erlaubte es, an eine billige Massenproduktion

130/131 Doku-
mentarfotos aus
der Thonet-Fabrik
in Bystriz (Mäh-
ren). Hier wurden
in Großserien
Bugholzmöbel her-
gestellt.
Das Foto oben
zeigt, wie ein
Buchenstamm in
Latten geschnitten
wird. Nach der Be-
arbeitung mit einer
Fräsmaschine wer-
den die Rundstäbe
in eiserne Kessel
gesteckt und so
lange heißem
Dampf ausgesetzt,
bis sie biegsam
sind. In eisernen
Schablonen wird
dann das Holz in
der gewünschten
Form gehalten, bis
es getrocknet ist.
Diese Technik eig-
nete sich beson-
ders gut zur Mas-
senherstellung bil-
liger, aber schön
geformter Möbel.

132 Aus einem
Thonet-Katalog.

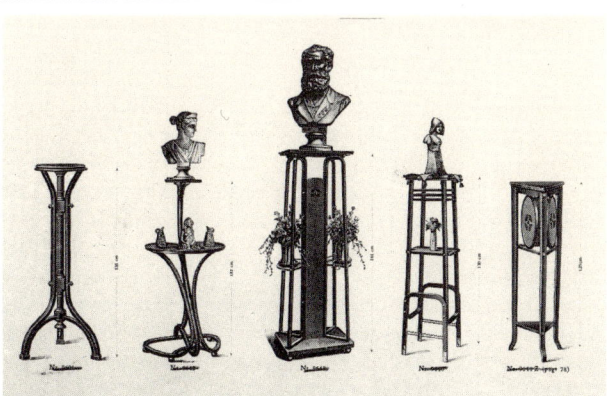

133 Schirmständer von Thonet um 1900.
Braun-gebeiztes Buchenholz, das durch Dampfeinwirkung weich gemacht und in einer Gußeisenform gebogen wurde.
134 Kleiner Tisch in Bugholz, Österreich um 1910.
Ein typisches Serienstück, dessen Tischplatte mit Brandmustern verziert ist.
135 Handarbeitstischchen und Ofenschirm von Thonet (um 1890/1900).
Das Tischchen orientiert sich noch am »Gründerstil«, der Paravent setzt die Vorliebe für geschwungene und organische Linien des Jugendstils in die Bugholztechnik um.

zu denken – billig zwar vom Kostenaufwand her, aber nicht in Form und Ausführung, denn ehe ein Modell in die Serienfertigung ging, wurde es solange getestet, bis es ausgereift, formschön und ökonomisch war.
Der Erfolg der Firma, seitdem sie in dem waldreichen Böhmen und Mähren große Fabriken in Betrieb genommen hatte, war bei-

spiellos. Man produzierte zunächst nur Stühle, dann die berühmten Schaukelstühle, später Radnaben mit auswechselbaren Speichen für Kanonen und Kriegsgeräte, die in alle, selbst gegeneinander Krieg führende Länder verkauft wurden.
Blättert man die großartig aufgemachten Firmenkataloge durch, die die Handelsvertreter mit sich führten, wenn sie Möbel verkauften, so ist man erstaunt über das auffallend breite Spektrum dieser Produktion. Vor allem eignete sich die Technik des gebogenen Holzes ausgesprochen gut zur Herstellung leichter Kleinmöbel. In der Konzeption lehnte sich das Haus Thonet eng an englische Vorbilder an, zumal auf der großen Weltausstellung 1851 enge Kontakte zu England geknüpft worden waren und andererseits, weil die Auffassung des englischen Möbels zu der Thonetschen Gesinnung paßte.

Augenfällige Parallelen entdeckt man bei den Satztischen, die sich vierfach ineinanderschieben lassen. In gleicher Ausführung gab es sie bereits bei Sheraton (Bild 4) als sogenannte Quartetto tables. Außerdem enthielt Thonets Produktionsprogramm ein großes Angebot verschiedener Etageren, die sich formal und konzeptionell an das englische Whatnot anlehnten. Sie wurden auch im sogenanntem Pfefferrohr, einem Möbelprogramm aus gedrechseltem Buchenholz, das wie Bambusrohr aussieht, jedoch wesentlich stabiler ist, hergestellt. Dann findet man im Programm den berühmten Handarbeitstisch aus der Biedermeierzeit mit aufklappbarer Tischplatte, um Nähzeug in dem darunterliegenden Kasten zu verstauen, Spieltische aller Gattungen mit drehbaren Tischplatten zum Wechseln des Spielbrettes, kleinen Schubladen und Kerzenhalterungen, Jardinieren für Blumen mit eingelassenen Metallbehältern sowie als augenfällige Anleihe an englische Vorbilder den Revolving Bookstand, das drehbare Bücherregal. Unendlich variationsfreudig zeigte sich die Firma auch in der Herstellung diverser Waschgelegenheiten, Toilettentische und Ablagen für Schüsseln und Kannen, die in ihrer Grundkonzeption an englische Musterbücher erinnern, wo bereits Sheraton jene Möbel mit aufklappbarem Spiegel und Stangen zum Aufhängen der nassen Handtücher zur Genüge dargestellt hat. Gerade in diesen Funktionen stellte das Bugholz

eine ideale Weiterentwicklung der früheren Techniken dar. Blättert man noch weiter, sieht man den Aufwartetisch mit der abnehmbaren, tablettartigen Platte, dem Halter zur Unterbringung eines Handarbeitsbeutels, den Büstenständer und nicht zuletzt den ebenfalls von englischen Vorbildern abgeleiteten Canterbury zur Aufbewahrung von Journalen, Noten und Zeitungen.

Da es seit 1869 mit dem Auslauf der Patente auch zahlreiche Konkurrenzfirmen gab, sind nahezu alle Bugholzmöbel mit einem Brandstempel versehen, an dem man den Hersteller erkennen kann. Ob ein Möbel nun von Thonet, Kohn, Mundus, Fischl oder anderen Firmen stammt, spielte insofern keine Rolle, weil man ein Möbel nicht nach dem Hersteller, sondern nach der soliden Bauart beurteilen sollte. Für den Kenner ist die Oberflächenbehandlung und die Verbindung der Holzteile ausschlaggebend.

---

136 Spieltische aus einem Katalog der Gebrüder Thonet um 1925. Die in Serie produzierten Spieltische für jedermann orientieren sich an den Typen und Mustern des 18. Jahrhunderts.

137 Satztische aus einem Katalog der Gebrüder Thonet um 1925. Das Katalogblatt zeigt, daß die von Thomas Sheraton schon um 1800 empfohlenen »Quartetto«-Tische noch 1925 nahezu unverändert als praktisches und billiges Möbel produziert wurden.

THONET

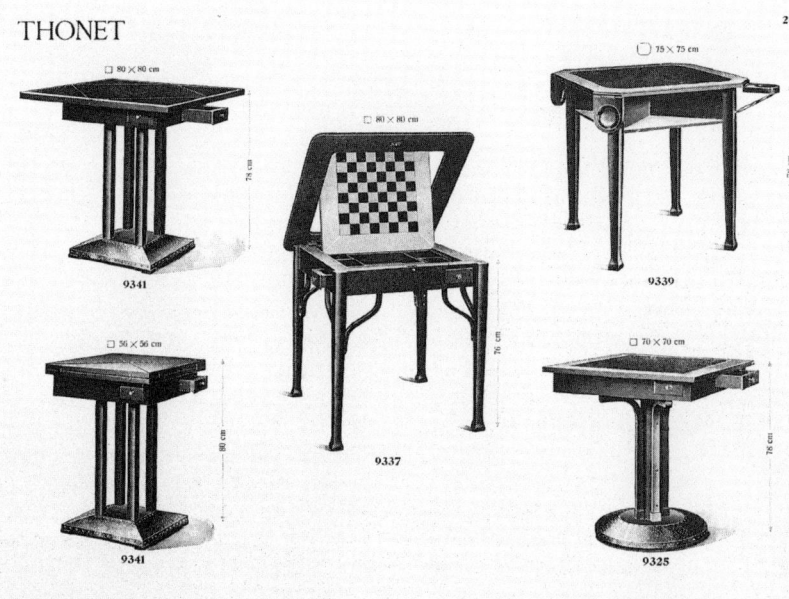

24

9341

9341

9337

9339

9325

THONET

41

9124 Var. 1

9124 Var. 2

9124 Var. 3

9124 Var. 4

Jugendstil: Die zweite große Zeit des Kleinmöbels

Gegen Ende des 19. Jahrhunderts setzte bei den Malern, Architekten, Literaten und auch bei den Kunsthandwerkern eine Abkehr von den im 19. Jahrhundert vertretenen Praktiken ein. Zu sehr schienen die vorangegangenen Jahrzehnte unter dem Diktat der alten Stilvorbilder gestanden zu haben. Man versuchte – und das ist ein ganz wesentlicher Grundzug des Jugendstils – sich zu befreien und beanspruchte für seine Empfindungen eine eigenständige Ausdrucksform, die sich nicht mehr nach althergebrachten Kunstformen zu richten hatte. Der Jugendstil ist daher eine sehr

engagierte Bewegung, kraftvoll und schöpferisch zugleich. Sie verherrlicht sich selbst und liebt ihren eigenen Mythos, ihre Erkenntnisse, ihre narzißtische Schönheit. Apropos Schönheit erreichte man einen Punkt, der zur treibenden Kraft für die Möbelgestaltung werden sollte. Die Künstler versuchten, dieser Epoche ein neues Schönheitsideal zu geben, das noch nie dagewesenen Gesetzen folgte.

Für den Möbelbau bedeutete das die Abkehr von jeder Stilimitation und ein allgemeiner Aufbruch zu einem neuen, unbekannten Ziel. Der Jugendstil ließ als internationale Bewegung so unterschiedliche Ergebnisse entstehen, daß man vom äußeren Erscheinungsbild verwirrt sein mag. Die Möbel, beispielsweise in Österreich, waren puritanisch streng. In Frankreich mischte sich phantastisches, utopisches und altes Gedankengut zu einem Gebilde, das der merkwürdigen Welt Jules Vernes sehr verwandt schien, und in England wurde auf

138 Werbeplakat von Jan Toorop (Detail), um 1900.

139 Sekretär von Emile Gallé, Nancy um 1900.
Die Kanten sind durch profilierte Hölzer, die wie ein Blattstengel geformt sind, hervorgehoben, die Holzflächen durch Bildmarketerien verziert.

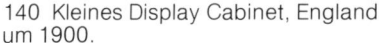

140 Kleines Display Cabinet, England um 1900.
Die Ausformung und Gestaltung des englischen Jugendstils unterscheidet sich wesentlich von der Stilauffassung in Frankreich und Deutschland. Anstatt Organik und Naturalismus gibt es in England eine vornehme Stilisierung, die mittelalterliche Tradition und Bezüge zur Renaissance nicht verleugnet.
141 Detail eines Kabinettschränkchens von Louis Majorelle, Nancy um 1900.

Dieses Detail zeigt das hohe Niveau der Schnittkunst im französischen Jugendstilmöbel, die sich detailgenau an das Pflanzenvorbild hält.
142 Detail eines kleinen Tisches von Eugène Colonna, Paris 1900.
Dieses hervorragende Möbel wurde auf der Weltausstellung 1900 von dem damals berühmtesten Jugendstilhändler Samuel Bing gezeigt. Typische Jugendstillinien umranden im flachen Relief die Konturen des Tisches und geben ihm ein distinguiertes Aussehen.

seltsame Weise das Mittelalter wieder lebendig, doch bei näherem Hinsehen als Kopie, nicht im historischen Sinne, sondern in einer Geistesverwandtschaft der Künstler.
Der Grund für die unterschiedliche Formgebung mochte wohl darin liegen, daß der Jugendstil nicht äußerlich vorschrieb, wie etwas später aussehen sollte, sondern vielmehr »innere« Anweisungen gab, wie der Kunsthandwerker schaffen und schöpfen

sollte. Das Bewußtwerden und Bestärken der schöpferischen Kräfte des Handwerks war die wichtigste Voraussetzung für das Entstehen formal verschiedenartiger, im Wesen aber geistesverwandter Produkte.

England

In keinem Land wurde so früh wie in England die kunsthandwerkliche Voraussetzung, die

zum Jugendstil führte, formu-
liert. Hier waren im 19. Jahrhundert die Auswirkungen der Indu-
strialisierung allzu deutlich spürbar und fanden ihre engagierten
Kritiker. 1848 verfaßten Marx
und Engels das kommunistische
Manifest, 1864 veröffentlichte
Ferdinand Lassalle seine Schrift
»Kapital und Arbeit«. Parallel
dazu formulierten auf kulturphi-
losophischem Gebiet John
Ruskin und sein Schüler William
Morris Theorien, die auch die angewandte Kunst vom Zwang in-
dustrieller Fertigung befreien
wollte. Unter der Leitung von
William Morris entstand eine re-
volutionäre Kunstbewegung, die
sich in puritanischer Strenge gegen moderne Produktionsmetho-
den wandte und ihr Ideal im Mittelalter wiederfand. Hier entdeckte man die letzte Epoche, die
noch eine ungestörte Einheit von
Handwerk, Weltanschauung und
Leben verhieß. Man organisierte
sich in Bruderschaften und begann in altertümlichen Werkstät-
ten von »neuem«. Aus dieser
Einheit von schöpferischem und
schaffendem Potential entwickelte sich der sogenannte »Artist
Designer«, eine Verbindung aus
Künstler und Handwerker. 1898
forderte Walter Crane, daß der
Künstler wieder Handwerker wer-

143 Platte eines kleinen Tischchens
von Emile Gallé, Nancy um 1900.
Dargestellt sind drei spielende Angora-
katzen, die im Spiel eine Schüssel Wasser umwerfen. Die Darstellung – vor allem das stilisierte Wasser – zeigt deutlich, wie sehr sich Gallé an japanischen
Darstellungen orientiert hat.

de und der Handwerker wieder Künstler. Diese Einstellung war wohl für die gesamte Jugendstilepoche in Österreich, Frankreich, Deutschland und England verbindlich.

Die englischen Jugendstil-Kleinmöbel unterscheiden sich von den französischen und auch von den meisten deutschen. Der Leitspruch »zurück zum ehrlichen Handwerk« wird auch in der kleinsten Holzverbindung sichtbar. Selbst Möbel von Mackintosh zeigen, wie Bretter aneinander vernutet sind. Der Entwerfer nahm eine solche Stelle nicht zum Anlaß, um hier geschnitzte Grate und Schnörkel fließen zu lassen, sondern bekannte, daß das Möbel aus Brettern gemacht ist. Die Grundkonstruktion der meisten englischen Möbel war daher sehr einfach: Die Tischplatten bestanden aus rundgesägten oder quadratischen Brettern, ohne aufwendige Profilierung am Rand. Die Beine fertigte man ebenfalls aus länglichen Brettern, die so ineinandergestellt wurden, daß ein Kreuz entstand. Lediglich die Proportionen, leichten Abschrägungen und aus dem vollen Holz gesägten Ornamente verrieten den distinguierten Meister. Die meisten kleinen Sekretäre, Schreibkabinette und auch Vitrinen, bei denen das obere Brett oft überstand und von dekorativen Stützen getragen wurde, hatten daher etwas Kastenförmiges. Die verarbeiteten Hölzer waren sehr einfach. Wie bei mittelalterlichen Möbeln wurde mit Vorliebe Eichenholz verwen-

det. Beschläge aus Metall, blattförmig ausgesägt, wurden bei einigen Modellen, die Liberty verkauft hat, in leichtem Relief aus Kupfer oder Messing getrieben. Die kleinen Vitrinen waren mit Blei verglast; ihre englische Abstammung konnte man daran erkennen, daß auch hier kleine Blattformen das ruhige Muster des klaren Glases durchbrachen. Diese Blätter und Blüten waren aus farbigem Glas hergestellt. Nach ähnlichem Muster gestaltete man die Einlegearbeiten im Holz, die bisweilen einfach mit der Schablone aufgemalt wurden. Wurde das ganze Möbel dann poliert, so war kaum zu unterscheiden, ob es sich um zwei Holzsorten oder nur um zwei verschiedene Beizen handelte. Als allgemeines Charakteristikum kann man annehmen, daß die englischen Möbel etwas »Selbstgemachtes« an sich hatten. In der Tat haben viele bildende Künstler ihre Möbel, in denen sie lebten, selbst entworfen und angefertigt, schon aus der erwähnten Ideologie, daß der Künstler zum Kunsthandwerker werde und wahre Kunst sich nur auf der Basis eines soliden Handwerks entwickeln kann. In diesen romantischen Vorstellungen, die die schlichte Gotik einer imitierten Renaissance vorzogen, fühlten sich die Künstler und Kunsthandwerker »tugendhaft«.

144 Kleine Glasvitrine auf einem tischartigen Untersatz, Frankreich um 1900. Die zurückhaltende, aber ausgewogene organische Profilierung ist typisch für die französische Möbelkunst um 1900.

Eher ließ man sich wegen seines »handgewebten« Lebensstils verlachen, als daß man, wie die neuen Reichen, in verlogenen Möbelkopien Hof hielt.

Frankreich

Ließ man sich in Wien noch von der englischen Gesinnung, vornehmlich von der Glasgower Schule, beeinflußen, ging der französische Jugendstil konträre Wege. Das französische Jugendstilmöbel war floral – in Motiven und Linienführung richtete es sich nach organischen Formen, wozu die Natur als Vorbild diente. Darüber hinaus lehnte es sich an die Grand Epoque der Königsstile Louis XV und Louis XVI an, vor allem in der handwerklichen Virtuosität, denn nicht nur in den Motiven und der Linienführung, sondern auch auf rein technischem Gebiet erlebte das französische Kleinmöbel um 1900 eine neue Blütezeit. Augenfälligstes Kennzeichen hierfür bleibt die Wiedereinführung der Marketerie und des Bronzebeschlags – die Haupt-

145/146 Satztische von Louis Majorelle, Nancy nach 1900. Die Tischplatten sind in japanischer Art mit schönen Blumenmotiven verziert. Die oberste Tischplatte ist mit dem Schriftzug »L. Majorelle« signiert.

147/148 Blumenständer, englisch um 1900. Ein typisches »Brettmöbel«, bei dem die Jugendstilformen aus dem Brett herausgesägt wurden. Die Verzierungen in der runden Platte sind eingebrannt.

kennzeichnungen des Kleinmöbels des »Ancien Régime« zwischen 1750 und 1800. Vergleicht man Marketerien von Gallé (1846–1904) und Majorelle (1859–1929) aus ihrer besten Zeit mit Marketerien von Oeben (ca. 1720–1763) und Riesener (1739–1806), so sieht man in technischer Hinsicht kaum einen Unterschied.Lediglich die Auffassung hat sich geändert und ist bei den französischen Jugendstil-Möbeln unverkennbar von der japanischen Kunst beeinflußt. Nicht nur in den Motiven – es kommen vor allem dichterische, poetische Kompositionen mit Blumen, Insekten, Bäumen und Landschaften vor – sondern auch in der Anordnung, wie diese Motive die Fläche beherrschen, wird der fernöstliche Einfluß spürbar. Auffallend dabei ist, daß das Motiv meist nicht im Zentrum des Bildes steht, sondern, wie bei einem japanischen Rollbild, locker die Fläche einrahmt. Die Ruhe der Grundfläche steht im Gegensatz zu den lebendigen, locker und rhythmisch verteilten Motiven. Zu diesem »Japonismus« haben sich die Jugendstilkünstler offen bekannt. Hier liegt auch heute noch die Poesie, die ein solches Möbel ausstrahlt. Die Kleinmöbel sind im französischen Jugendstil fast ebenso zahlreich wie sie im französischen Rokoko waren. Dieser Vergleich führt auch zu einer anderen Übereinstimmung: Typologisch gibt es Übereinstimmungen, die frappierend sind. In neuer, »blumenhafter« Form lebt

wieder der kleine Damensekretär (Bonheur du Jour) auf. Es gibt ihn mit asymmetrischen Aufbauten, mit geschwungenen Füßen, mit einer Überfülle an Marketerie, sogar mit Bronzebeschlägen (Majorelle) aus hellen Hölzern oder aus rotbraunem Mahagoni. Mit diesem Thema haben sich fast alle großen französischen Kunstschreiner befaßt. Vielfältig sind auch die Formen der Teetische, die aus drei übereinander angeordneten Tabletts bestehen und, wie im 18. Jahrhundert, mit Bronzegriffen versehen sind, so daß man den Tisch problemlos dort hintragen kann, wo man ihn gerade braucht. Ein weiteres Möbel, das im Jugendstil seine eigene Ausformung gefunden hat, ist der Dreifußtisch; bei Gallé waren es stilisierte Insekten, die die Tischplatte tragen, bei Majorelle Seerosen oder Lilien – immer Gestalten aus dem unerschöpflichen Leben der Natur. Zahlreich sind auch die Satztische, die sich ineinanderschieben lassen und Anlaß für ausschweifende Gestaltung gaben sowie die kleine Vitrine, der Handarbeitstisch, der Ofenschirm, die Etagere, die Chiffoniere, der Musikständer, der Gelegenheitstisch mit ausziehbaren Tabletts.

Deutschland und Österreich

Im Gegensatz zur femininen Eleganz des französischen Kleinmöbels ist das gute Wiener Möbel der Jahrhundertwende architek-

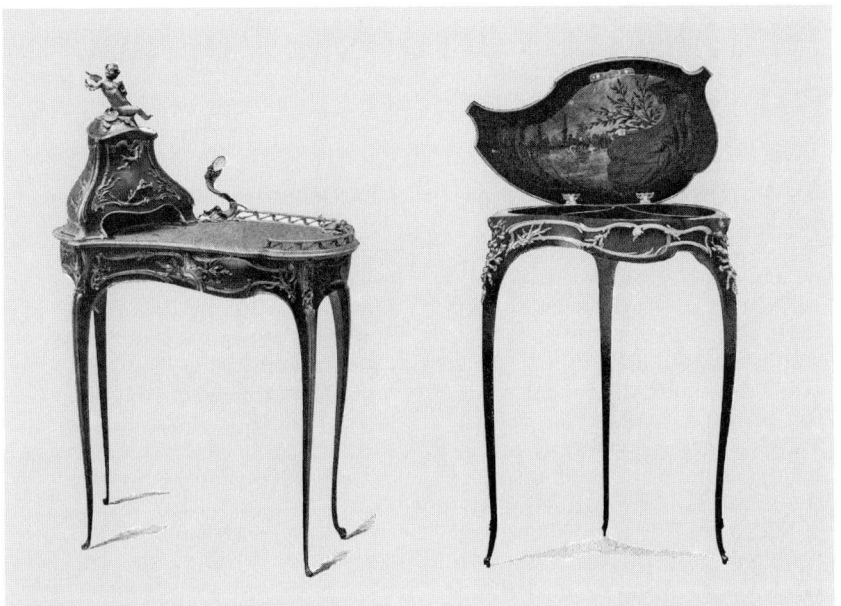

149 Zwei französische Möbel um 1900, die deutlich machen, daß zu dieser Zeit nicht alleine der Jugendstil vorherrschend war. Im Gewande des Rokoko verkörpern sie dennoch die Stilideale des Jugendstils: Asymmetrie, Organik und grazile Leichtigkeit.

tonisch und konstruktiv konzipiert. Auch die in Deutschland geschaffenen Möbel unterscheiden sich von dem französischen Stil. Bei ihnen läßt sich allerdings ihr Charakter nicht so schlagwortartig definieren, wie bei den in Wien entstandenen Möbeln, denn sie sind wesentlich irrationaler und experimenteller in der Gestaltung. Daher wurden sie nie in so großen Auflagen produziert wie in Frankreich. Ein Möbel von Pankok, Endell, Riemerschmid, Hoffmann, Obrist und Olbrich bildete nur einen Bruchteil der üblichen Möbelproduktion, die ganz nach industriellem Konzept lief und Jugendstilmodelle nur als Stilvariante in ihr Programm aufnahm, das nach wie vor aus Reproduktionen und Neuauflagen alter Stilmodelle besteht. Zu glauben, daß der gute Jugendstil in Deutschland das Stilbild bestimmt haben könnte, ist eine Illusion. Bis zum Ersten Weltkrieg überschatteten die Folgen des Gründerstils die zukunftsweisende Bewegung. Reiner Jugendstil galt um die Jahrhundertwende bereits als elitäre Ausnahme und reine Gesinnungssache.

Art Déco: Verrückte Formen für arm und reich

Der Art-Déco-Stil geht auf eine Entdeckung des Kunsthandels zurück und hat sich keinesfalls als leere Spekulation erwiesen. Unter diesen Begriff fällt nahezu alles, was kunsthandwerklich und industriell in den Jahren zwischen den beiden Kriegen gefertigt wurde. Daher ist der Begriff Art-Déco oft mißverständlich und leicht zu mißbrauchen, da in diese Zeit die unterschiedlichsten Stiltendenzen fallen. Es handelt sich nicht nur um die fröhlichen »Zick-Zack«-Muster auf den Zigarettenetuis, die an der Azteken-Kunst orientierten Stufenformen, die heitere Mode des

Charleston, Pariser und Londoner Extravaganzen, die Cocktailbars mit ihren verrückten Einrichtungen oder das berühmte Motiv der aufgehenden Sonne – in diese Epoche fällt auch das Dritte Reich mit seinem völkischen Stil, der genau das Gegenteil der »verrückten zwanziger« Jahre ist. Das »Jazz Age« und der Hitlerstaat waren zwei Gegensät-

150/151 Modezeichnungen aus den zwanziger Jahren.

152 Kleiner Beistelltisch aus verchromtem Metall und verspiegeltem Glas. Verchromte und vernickelte Metallmöbel sind ein deutlicher Ausdruck des kühlen Art-Déco-Geschmacks.

ze, die diesen Zeitraum einerseits aufheitern, andererseits aber für immer überschatten.

Auf der »sunny side of the style« – der Sonnenseite des Stils – gab es jedoch so viel Erfreuliches, Phantastisches, Dekoratives, daß die Zahl der Art-Déco-Freunde ständig im Wachsen begriffen ist. Eine genaue Stildefinition zu geben ist schwierig, denn selbst in den Inneneinrichtungen war, wie im Modestil, »alles erlaubt«, was gefiel.

Wenn gefragt wird, worin sich der Art-Déco-Stil vom Jugendstil unterscheidet, so hat diese Fragestellung eine Berechtigung. Hätte man damals die Frage gestellt, wäre man verlacht worden, denn aus der Sicht der zwanziger Jahre, wo man glaubte, selbst »ultramodern« zu sein, war jedes Möbelstück, jedes Kostüm oder jedes Theaterstück, das man als »jugendstilig« bezeichnen konnte, unmodern und indiskutabel. Aus heutiger Sicht wirken jene Jahrzehnte des Jugendstils und die frühe Zeit des Art Déco weniger widersprüchlich. Beide kann man als ausgesprochene Modeerscheinungen bezeichnen, gleichermaßen exzentrisch, gleichermaßen mit einem Anspruch auf Kultiviertheit, was es niemals vorher oder nachher gegeben hat. War der Jugendstil nur in bestimmten Zentren, aber in ganz Europa vertreten – so konzentrierte sich die kunsthandwerkliche Produktion im Art Déco hauptsächlich auf Frankreich.

Dies dokumentierte eine internationale Ausstellung, die 1925 in Paris veranstaltet wurde. Hier versuchte die französische Kunstindustrie ihre Vormachtstellung international zu festigen. Was in zahlreichen Künstlervereinigungen und staatlichen Förderprogrammen jahrelang vorbereitet worden war, schien sich zu bestätigen. Ganz abgesehen von den Impulsen, die das französische Kunsthandwerk von einigen Genies aus der Modebranche bekam, war London in den zwanziger Jahren die Stadt der konservativen Herrenschneider und Hemdenmacher, Paris hingegen die Metropole der Haute Couture und des femininen, avantgardistischen Geschmacks. Modekönige wie Jacques Doucet und Paul Poiret inspirierten und förderten das extravagante Kunsthandwerk und versammelten um sich herum begabte Talente. Für diese beiden Couturiers wurden die besten »Art-Déco-Möbel« in Einzelanfertigungen gebaut. Vom einfachen Gebrauchsgegenstand zu sprechen, wäre unangebracht, denn diese Möbel

---

153 Kleinmöbel aus der Sammlung des Modeschöpfers Jacques Doucet. Doucet förderte die besten Künstler seiner Zeit. Bei seinen Aufträgen wird deutlich, wie sehr der Art-Déco-Stil von der Mode beeinflußt ist. Die Formgebung und Ausführung im Material ist meist vom Geschmack des Künstlers geprägt.
Tischchen in Ebenholz und Galuchat (Rochenhaut) von Rose Adler. Beistelltischchen von Jean Charles Moreoux aus Galuchat und Kristallglas. Tischchen aus Galuchat, Elfenbein und Ebenholz von Clément Rousseau. Glastisch mit Schwarzlot-Malerei (anonym).

154 Satztische, französisch um 1930.
Unter den runden Tisch lassen sich
vier viertelkreisförmige Segmente
schieben. Ähnliche Modelle sind auch
aus dem Jugendstil bekannt.

155 »Stummer Diener«, Frankreich um
1925.
Der aus einem Brett geschnittene Neger in Livree ist eine Art-Déco-Version
des bereits im »Style Napoléon III« beliebten Negersklaven. Von diesem, hier
als Aschenbecher dienenden Ständer
gibt es zahlreiche Variationen: Pikko-
los, Mohren mit Turban und Chinesen.

verkörperten wahre Kunstwerke,
kubische Plastiken oder von der
damals viel bewunderten afrika-
nischen Stammeskunst beein-
flußte Phantasieschöpfungen.
Als Auftraggeber ermunterten sie
die Künstler im freien Umgang
mit Material, Form und in der
Auffassung, daß selbst ein Möbelstück ein rein modisches und
dekoratives Produkt sein kann.
Die hier abgebildeten Kleinmöbel
aus dem früheren Besitz von
Jacques Doucet geben einen lebendigen Eindruck von der For-
men- und Materialvielfalt, die
man eher in der modernen Kunst
als im Möbelbau erwartete. Die
Oberflächen waren mit japani-
schem Lack überzogen, in den
teilweise Sand mit eingebracht
wurde, um verschiedenartige
Texturen zu erzeugen. Manchmal
wurden in den Lack auch elfen-
beinfarbene und bräunliche Eier-
schalen gedrückt, um einen besonderen strukturellen Effekt zu
erzielen. Einige Möbel waren aus
grünlich patinierter Bronze, einige mit Galuchat furniert - dies
sind Knochenplatten von der Un-
terseite eines Rochens, die so ab-
geschliffen sind, daß sich ein feines, punktartiges Muster ergibt.
In vielen Variationen tritt der Sa-
lontisch wieder auf, der selten so
frei und vielfältig gestaltet wurde
wie in dieser Zeit. Das Möbelge-
schäft D.I.M. bot solche Tische

156 Lackierter Zigarrenkasten auf einem massivem Untergestell von Jean Dunand, französisch um 1925. Signiert »Jean Dunand«.
Kleinmöbel dieser Art gehören zur mondänen Richtung des französischen Art Déco. Wertvolle Materialien und pompöse Formgebung sind dafür ein Kennzeichen.

157 Chiffoniere von Süe & Mare, Frankreich 1923. Wurzelnußholz mit Marmorplatte und Bronzebeschlägen in Quastenform.
Diese auf der »Exposition Internationale des Arts Décoratifs« 1925 in Paris ausgestellte Stück gehört zur traditionell eingestellten Richtung des französischen Art Déco. Charakteristisch hierfür ist das im Relief geschnitzte, stilisierte Blumengebinde, die Voluten an den Beinen sowie die monumentale, aber dennoch geschwungene Gesamtform. Möbel, die wie dieses historisch dokumentierbar sind, erzielen auf Auktionen Höchstpreise.

aus zentimeterdickem Panzerglas an, Jean Dunand nahm sie zum Anlaß, um seine Lackkünste vorzuführen, von Rateau gab es Modelle in Bronze mit schönen Tiermotiven, Emile-Jacques Ruhlmann stellte sie mit feinem Wurzelfurnier sowie subtilen Elfenbeineinlagen vor und die Kunstschlosser boten Modelle aus Schmiedeeisen an. Die Glasmanufakturen Lalique und Sabino entwarfen sie aus fein-

158 Blumentisch, Deutschland 1955. Gebogenes Holz, farbiges Resopal und Metall.
Stilistisch gehört dieses Möbel in das Zeitalter der »Nierentische«, von der Funktion her gesehen steht es jedoch in der Tradition der Kleinmöbel.

ornamentiertem und gegossenem Glas. Sie konnten von innen beleuchtet werden.

In dieser modebewußten Zeit spielte auch die Coiffeuse – der kleine Frisiertisch – wieder wie im 18. Jahrhundert eine große Rolle. Nahezu alle wichtigen Möbelentwerfer haben sich mit der Gestaltung dieser Coiffeusen beschäftigt. Ruhlmann-Coiffeusen haben die für seinen Stil typischen, spitz zulaufenden Beine, die filigranen Elfenbeineinlagen sowie an das Empire erinnernde, runde Spiegel in Metallfassungen. Viele Coiffeusen der zwanziger Jahre haben aufklappbare Fächer, die zusätzliche Ablageflächen ergeben. Bei den meisten läßt sich der Spiegel herausklappen und verstellen, wie man es aus dem 18. Jahrhundert kennt. Besonders attraktiv sind Frisiertische, die mit verspiegeltem Glas verkleidet sind.

Sie passen gut zu den für die zwanziger Jahre typischen Accessoires wie Parfumflakons, Toilettengarnituren mit Emailmuster und den zahlreichen im Zeitgeschmack gestalteten Puderdosen. Wie bei den Salontischen existieren auch Ausführungen in Lack, Messing, Galuchat oder hellem Furnier.

Das dritte, für diese Zeit typische Kleinmöbel war das sogenannte Cocktail Cabinet – ein kleiner Barschrank für die damals neu in Mode gekommenen Drinks. Mit Spiegelglas ausgeschlagen und mit herausklappbaren Extras wie Halterungen für Cocktailgläser, Flaschen und Shaker ausgestat-

tet, gaben sie den Entwerfern vielerlei Gestaltungsmöglichkeiten. Sie reichten von einer Tonnenform mit gewölbten Türen bis zum abgewandelten 18.-Jahrhundert-Möbel. Zu ihnen, wie zu den Coiffeusen, gehörte die Originalausstattung mit alten Mixern, Gläsern, Karaffen, verchromten Zitronenpressen und alten Rezeptbüchern, von denen vor allem das »Savoy Cocktailbook« international ein besonders gesuchtes Objekt geworden ist.

In diesem Zusammenhang müssen noch andere »stumme Diener« erwähnt werden, die es im Art Déco in den verrücktesten Formen gab: Die Teewagen, die halbhohen Aschenbecher mit Beleuchtung oder die berühmten aus einem Brett gesägten, farbig bemalten Ersatzdiener in Livree (Bild 155).

---

159 Kleiner Holztisch, Frankreich um 1925. Die Profilierung der Beine ist typisch für die traditionalistische Richtung des Art-Déco-Stils.

Informationen für den Sammler

Wie bei allen Gebieten und Bereichen des Kunsthandels ist auch bei Möbeln entscheidend, soviel wie möglich zu wissen und in Erfahrung zu bringen. Dazu sollte man Vergleiche zwischen äußerlich nahezu gleichen Stücken vornehmen, bestimmte Modetrends kennen, die häufig entscheidend auf das Preisgefüge Einfluß haben. Nur, wenn man viel sieht, kann man Stein für Stein ein umfassendes Wissen aufbauen.

Zur Beurteilung eines Möbels gehört neben dem lernbaren Wissen ein Gefühl für Material und Formgebung – ein geschultes Auge, das Unstimmigkeiten im Ornament entdecken, eine plumpe von einer eleganten Linie unterscheiden kann und im Sinne einer Stilvorstellung die **Qualität eines Möbels** beurteilt; denn, was nach Biedermeier-Gesichtspunkten als schön gelten kann, ist nach Gesichtspunkten des Rokoko durchaus als plump zu werten. Was im Sinne des Rokoko zum Stilideal gehört, wirkt nach den Maßstäben des Art Déco viel zu verschnörkelt und verspielt. Für ein fachmännisch geschultes Auge gilt es nicht nur, den Stil als solchen zu erkennen, sondern innerhalb der Stilprinzipien zu beurteilen, wo die Qualitäten oder Schwächen des jeweiligen Möbels liegen.

Erfahrung und Urteilsfähigkeit sollte man sowohl theoretisch, indem man Bücher blättert und möglichst viele Abbildungen vergleicht, wie auch praktisch, indem man soviel Möbel wie möglich auf Konstruktion, Stil und Bauart »untersucht«, sich aneignen. Theorie und Praxis werden sich dann wechselseitig ergänzen.
So wird der Möbelinteressierte immer wieder feststellen, daß er vielleicht

Jahre später zufällig ein Möbel oder eine Form sieht, von der er bereits vorher gelesen hatte oder die er von einer Abbildung her kennt. Umgekehrt wird ihm auch manches Möbel im Gedächtnis bleiben, das er irgendwo gesehen hat, jedoch erst viel später in einer Abbildung wiedererkennt.

Ohne Speicherung von praktischer Erfahrung und theoretischer Kenntnisse wird es fast unmöglich sein, ein Möbelstück sicher beurteilen zu können. Besucht man einen Experten in einem Auktionshaus, so findet man ihn umgeben von der gesamten Möbelliteratur. Auch er vergleicht die große Zahl der ihm vorgelegten Stücke mit der **Fachliteratur,** ehe er zu einem Urteil oder zu einer Bestimmung kommen kann. Als eine sogenannte **Bestimmungshilfe** ist auch das hier vorliegende Buch gedacht, das viele verschiedene Typen wie auch Stile berücksichtigt. So wird der beim Durchblättern entstehende Eindruck von Kleinmöbeln gespeichert, und man wird feststellen, wenn man durch Antiquitätengeschäfte und Museen geht, daß beim Anblick eines Kleinmöbels in natura die Erinnerung wieder wachgerufen wird und einem dieses oder jenes Stück dann »irgendwie bekannt vorkommt«.

Ähnlich war auch die Entstehungsgeschichte dieses Buches. Einerseits hatten sich durch das Studium der Möbelliteratur bestimmte Typen und Erscheinungsbilder eingeprägt, und zwar so tief, daß mir plötzlich in Antiquitätengeschäften und -sammlungen Kleinmöbel auffielen, die ich zuvor nie bemerkt hatte. Andererseits war ich dadurch in der Lage, Möbel zu bestimmen und ihnen den richti-

130

gen Namen zu geben. Mir wurde bewußt, daß meine Großmutter eine Jardiniere besessen hatte oder ein typisches Handarbeitstischchen mit aufklappbarem Deckel und herausschiebbarem Beutel für die Handarbeitsutensilien. Durch das Studium der Literatur, die die genaue Bezeichnung der jeweiligen Möbeltypen und deren Funktion vermittelt, war es mir möglich, meinen rein empirischen Eindrücken einen Namen zu geben.

Ähnlich wie bei der typologischen Einordnung verhält es sich auch mit der technischen und stilistischen Seite der Möbel. Das Nähtischchen wird

plötzlich zum Rokoko-Nähtischchen, zum Biedermeier-Nähtischchen oder zum Gründerzeit-Nähtischchen. Ebenso wird man nach der Beschäftigung mit den technischen Kriterien sagen können, dieses ist aus massivem Holz, marketiert, weist Perlmutteinlagen auf, ist überbeizt, war im Original einmal hell und ist inzwischen dunkel gestrichen worden, hat ergänzte Füße oder befindet sich in einwandfreiem Originalzustand. Die nachfolgenden Ratschläge stellen daher den Versuch dar, Hinweise zu geben, die in der Praxis bei der Beurteilung und Bestimmung von Möbeln von Nutzen sind.

Ratschlag 1:

Furnierte Möbel

In allen hier beschriebenen Stilepochen spielt das Furnieren eine bedeutende Rolle. Lediglich das Erscheinungsbild des Furniers und die Wahl der Hölzer hat sich nach dem Zeitgeschmack ausgerichtet. So bevorzugte man im Rokoko lebendige und **dekorative Muster,** während man im Empire und Biedermeier den ruhigen Verlauf der **Holzmaserung** als Fläche für sich sprechen ließ. Im Jugendstil wird das Furnier wieder als Träger von der Natur entlehnter **Bilddarstellungen** verwendet, während in den zwanziger Jahren, ähnlich wie im Empire, wiederum die schön gemusterte Fläche eines Vogelaugenahorns ohne zusätzliche Bildeinlagen als **Material- und Struktureffekt** für sich selbst steht. Wie auch immer diese Technik

künstlerisch eingesetzt wird, beruht sie in allen Stilepochen auf dem Grundprinzip, daß auf einen aus meist unedlem, aber stabilem Holz gefertigten Unterbau edle Hölzer in dünner Schicht aufgeleimt werden – eine Technik, die man angeblich schon im alten Ägypten kannte und die der römische Schriftsteller Plinius negativ beurteilte, weil er meinte, daß dadurch dem gewöhnlichen Holz ein ihm nicht zukommendes Aussehen verliehen würde. Wie auch immer man zu diesem Standpunkt von seiten einer Materialgerechtigkeit stehen mag, hat sich die Furniertechnik zu einer hohen Kunst entwickelt, die große Bewunderung verdient. Maßgeblich für das Aussehen einer furnierten Oberfläche sind mehrere Faktoren:

1. Die Holzart, die sich in Farbe, Oberflächenbeschaffenheit und Maserung unterscheiden kann.

Bereits im 18. Jahrhundert standen dem Möbeltischler zum Furnieren neben den einheimischen Hölzern über fünfzig ausländische, meist tropische Holzsorten zur Verfügung. Sie wurden aus Indien, Südamerika, Mittelamerika oder Afrika importiert und der Mode entsprechend verwendet.

Außer den üblichen Qualitäten wie **Palisander, Mahagoni, Satinholz** und **Rosenholz** sind selbst für den Fachmann alle anderen Hölzer sehr schwer zu bestimmen, zumal es zahlreiche Unterarten je nach Herkunftsland derselben Gattung gibt.

Mahagoni variiert in der Färbung von mittel- bis dunkelbraun. Im 18. Jahrhundert kam neben sehr wertvollem Mahagoni aus Kuba hauptsächlich Holz aus Honduras zur Verwendung. Im wesentlichen hat Mahagoni aus Honduras ähnliche Eigenschaften wie Mahagoni aus Kuba, ist allerdings heller und leichter. Die Zeichnung variiert von gleichmäßigen Flächen bis zu geflammten Strukturen je nach Schnitt und Herkunft der Stämme. Mahagoni wurde nicht nur als Furnierholz, sondern **massiv** verwendet, da es sich gut schnitzen läßt und nicht verzieht. Es spielt daher im Bootsbau – seit seiner Entdeckung – eine große Rolle. Etwa seit 1725 war es vor allem in England und Holland Mode, wo es das bis dahin beliebte Nußbaumholz verbannte.

Palisander ist von gelblich-dunkelbrauner Tönung und weist in der Struktur eine große Variationsbreite auf. Es hat bisweilen rötlich-braune Streifen, kann aber auch sehr dunkel oder purpurfarben sein. Vor allem das **Rio-Palisander** hat eine starke Zeichnung und wird zum Furnieren

von großen Flächen verwendet, da es eine lebhafte und effektvolle Wirkung verleiht. Wie das Mahagoni wird auch Palisander seit mehr als zweihundert Jahren in der Kunsttischlerei verwendet. Da frisches Kernholz beim Schneiden einen rosenähnlichen Duft verbreitet, erhielt es in England die Bezeichnung **»rosewood«,** was mit dem eigentlichen Rosenholz, das als teuerstes Furnierholz auf französischen Möbeln auftaucht, nichts zu tun hat.

Purpurholz ist in Frankreich ein häufig verwendetes Furnierholz, das ziemlich offenporig ist. Frisch zu Furnier geschnitten, hat es zunächst eine braune Färbung, die sich im Laufe der Zeit in Purpurrot verwandelt. Das aus Brasilien und Französisch-Guinea importierte Holz wird wegen seiner violetten Färbung in Frankreich **»bois violet«** genannt.

Satinholz mit seinem satinähnlichen Oberflächenglanz war im späteren 18. Jahrhundert in England sehr verbreitet. Als Seidenholz bekannt, ist es hart, feinporig und von leicht gelblicher bis bräunlicher Tönung. Man importierte es aus Mittel- und Südindien, der Koromandelküste und Ceylon.

Finden von den einheimischen Hölzern **Fichte** und **Eiche** als sogenanntes **Blindholz** unter dem Furnier Verwendung, spielen Obsthölzer wie Apfel-, Birn- und Kirschbaum als Furnierholz eine nicht unbedeutende Rolle. Der **Kirschbaum** hat eine fein strukturierte, zumeist gradfaserige Maserung, die eine rötliche Färbung aufweist, jedoch an Licht und Luft allmählich nachdunkelt. Ältere Furnierungen zeigen oft eine fast mahagonirote Farbe. Vor allen Dingen das Holz des **Nußbaumes** eignet sich für Möbeloberflächen, da es sich gut beizen und polieren läßt. Es wird im

Möbelbau sowohl massiv als auch zum Furnieren verwendet. Da die aus der Wurzelgegend geschnittenen Furniere eine prägnante Zeichnung aufweisen, bezeichnet man diese Furniere als Wurzelnuß. Ähnliche Effekte lassen sich auch aus durchwachsenen Ulmen, Eichen und Eschen schneiden. Seit dem Empire findet auch das **Ahornholz** als Furnierholz Beachtung, da es in der Wurzelgegend besonders feine Maserungen zeigt.

2. **Die Schnittlage,** in der das Furnier aus dem vollen Stamm gesägt ist, die je nach **Längsschnitt, Schrägschnitt** oder **Querschnitt** aus derselben Holzart unterschiedliche Flächenmuster hervorbringen kann. Eine schräg durchgeschnittene Maserknolle von einer Ulme, Eiche oder einem Nußbaum ergibt ein unregelmäßig fein marmoriertes Muster, der Schrägschnitt durch die Astgabelung eines Mahagonibaumes eine geflammte Musterung, die man, die Maserungsrichtung charakterisierend, **Pyramidenfurnier** nennt, ein flach zur Wuchsrichtung lagenweise abgetragener Palisanderstamm wirkt lebhaft marmoriert und abwechslungsreich gemustert, ein senkrecht durchgeschnittener Baumstamm zeigt konzentrische **Jahresringe** im Hirnholz, ein im Winkel von 45° angelegter Schnitt durch denselben Stamm läßt die eigentlich konzentrischen Jahresringe in dieser Schnittlage parabelförmig erscheinen. Dieses Muster wird in England treffend »Oyster«-Furnier genannt, da die schräg durchschnittenen Jahresringe ähnliche Muster aufweisen, wie man sie von der Austernschale kennt.

3. **Die Muster.** Das einfachste Muster ergibt sich dadurch, daß zwei Furnierblätter **spiegelbildlich** gegeneinander geklebt werden.

Darüber hinaus gab es die Möglichkeit, mit der Laubsäge komplizierte Muster auszusägen, die man dann auf den Untergrund leimte. Diese Technik wird in dem Kapitel über Marketerie, Seite 26, ausführlich beschrieben.

Eine bemerkenswerte Verzierungsart wurde im 19. Jahrhundert in der englischen Stadt Tunbridge Wells entwickelt. Sie rationalisierte das Dekorationsverfahren. Bei der **Tunbridge-Technik** wurden kleine, quadratische, verschiedenfarbige Holzstäbe miteinander verleimt. Die Maserrichtung der Stäbe verlief dabei parallel zur späteren Schnittrichtung. Von diesen Stabbündeln wurden dann mit einer Sägemaschine dünne gemusterte Platten abgeschnitten. Auf Holz aufgeleimt, ergab sich ein kompliziertes und reizvolles Holzmosaik.

Häufig ging man auch dazu über, Marketerien und Verzierungen nur aufzumalen oder sie durch Einbrennen zu imitieren. Da diese rationellen und nicht aufwendigen Techniken im 19. und frühen 20. Jahrhundert gerne angewendet wurden, ist es wichtig, dies unterscheiden zu können, da die Imitationen oft durch dicken Schellackauftrag täuschend echt gelang. Durch Beizen oder Farbe wurde die Oberfläche oft mit Schablonen verändert, so daß auf den ersten Blick eine Marketerie vorgetäuscht wurde. Speziell bei englischen Möbeln findet man nicht selten helle, fadendünne Holzstreifen, die nicht durch Kontrastierung zweier Holzsorten, sondern lediglich durch Anwendung von Beizen entstanden sind. Dazu wurde auf das helle Holz ein dünner Streifen geklebt, der diese Partien von der Einwirkung der dunkleren Beize schützte. Wird das Möbel anschließend mit Schellack poliert, sieht der weiße Streifen wie eine Einlegearbeit aus.

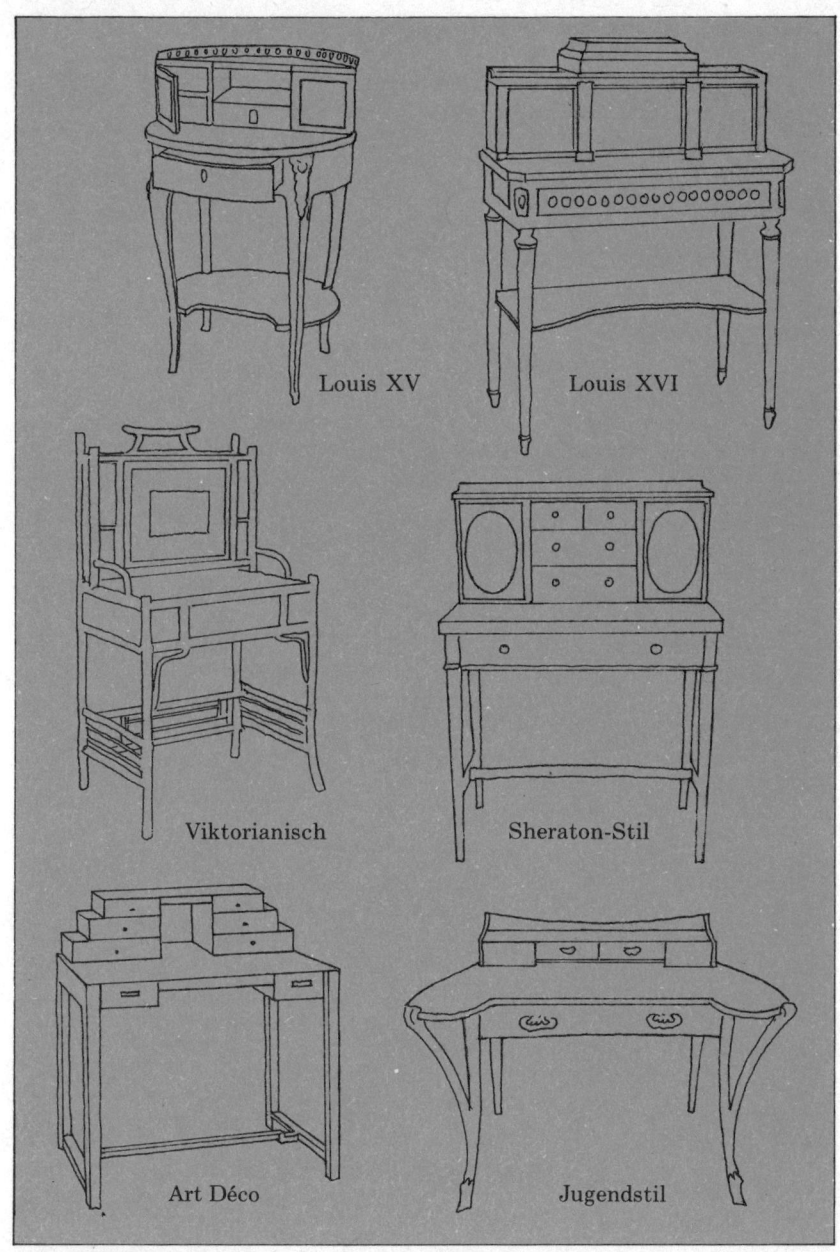

Louis XV

Louis XVI

Viktorianisch

Sheraton-Stil

Art Déco

Jugendstil

Erscheinungsformen des kleinen Schreibsekretärs

Die Beurteilung eines Furniers

Ob altes oder neues Furnier verwendet wurde, läßt sich aus der Dicke der aufgeleimten Holzschicht erkennen. Bis zum 19. Jahrhundert wurden Furniere mit einer Spezialsäge **von Hand geschnitten.** Dazu wurde der Stamm in einen großen Schraubstock gespannt und von dem Handwerker mit einer Mehrblattgestellsäge, deren Sägeblätter etwa in drei Millimeter Abstand voneinander standen, in schmale Blätter zersägt.

Im 19. Jahrhundert schnitt man die Furniere mit der **Kreissäge,** was, wie das Handverfahren, den Nachteil hatte, daß sehr viel wertvolles Holz verlorenging. Erst als man dazu überging, mit scharfen Messern Fur-

niere direkt vom Stamm abzuschneiden, war ein Weg gefunden, das Edelholz so gut wie möglich auszunützen.

So **geschältes Furnier** konnte auf eine Dicke von 0,3 bis 0,9 Millimeter reduziert werden. Hierdurch ergab sich jedoch ein Unterscheidungskriterium, das für den Sammler wichtig ist: Handgesägtes Furnier mit einer Dicke von etwa 3 Millimetern weist auf eine Entstehungszeit im 18. Jahrhundert hin, während dünne Furniere von weniger als einem Millimeter Dicke mit Sicherheit aus neuerer Zeit stammen. (Um dickes Furnier vorzutäuschen, geht man heute dazu über, mehrere Schälfurniere aufeinanderzuleimen.)

Furnierte Kleinmöbel sind im 18., 19. und 20. Jahrhundert in allen Ländern und Stilen vertreten. Die Furnierdicke läßt Rückschlüsse auf das Alter zu.

Dünne Furniere verweisen auf eine Entstehungszeit nach 1850.

Furniere von 3 mm Dicke legen die Datierung auf einen früheren Zeitraum nahe.
Bilder, Muster und Ornamente, die aus verschiedenen Furnieren zusammenkomponiert sind, nennt man **Marketerie.**

Wertvorstellungen:
Furnierte Möbel aus dem 18. Jahrhundert sind sehr wertvoll, später entstandene, furnierte Möbel werden je nach Qualität beurteilt. Auch hier gibt es Spitzenleistungen, aber auch serienmäßig produzierte Massenware.

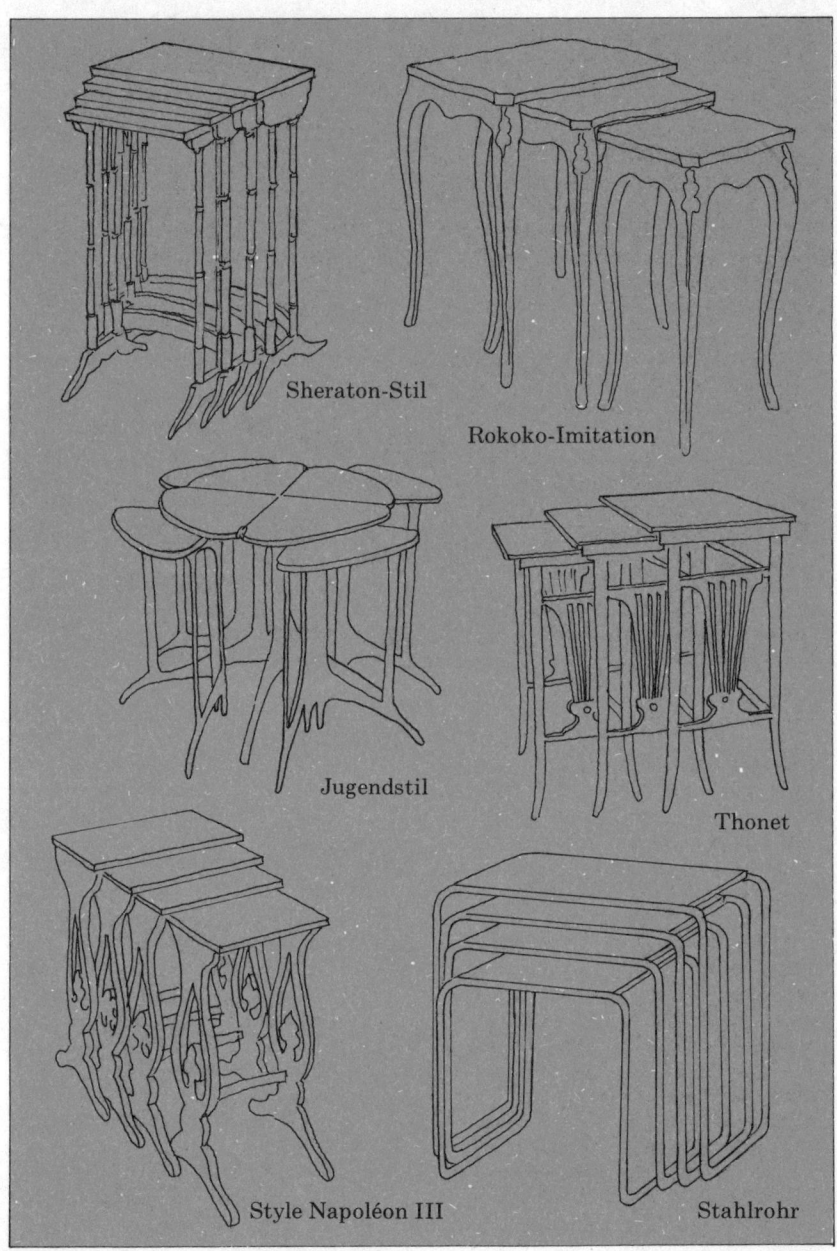

Sheraton-Stil

Rokoko-Imitation

Jugendstil

Thonet

Style Napoléon III

Stahlrohr

Erscheinungsformen des Satztisches

Beschläge und plastische Verzierungen

Nicht nur die Furniere, sondern auch die plastische Ausgestaltung eines Möbels gibt Rückschlüsse und Anhaltspunkte für Stil, Qualität und Wert. Zu diesem Bereich zählen geschnitzte Profilleisten, geschnitzte Beine und plastischer Zierrat aus Metallguß. Die genaue Betrachtung und Analyse eines dieser Details ermöglicht eine sichere Bestimmung. Die Proportionen der Profile, ihre Motive geben Aufschluß über Entstehungszeit und Entstehungsland. So verweist ein ruhig verlaufendes, klassisches Eierstabprofil auf den Louis-Seize-Stil, eine Greifenklaue meist auf den Empire- oder Regency-Stil, ein Lotusblatt auf den Jugendstil, eine nahezu schmucklose Formgebung auf das Biedermeier, pompöse, zur Überladenheit neigende Schnitzereien auf das späte 19. Jahrhundert (Viktorianisch, Gründerzeit oder Napoléon III).

Aus der Gestaltung und dem besonderen Charakter solcher Details kann der Fachmann ein Möbel bis auf zehn Jahre genau datieren. Die Ausführung solcher Details gibt auch Auskunft darüber, ob es sich um ein Spitzenwerk oder nur um die Arbeit eines Provinzschreiners oder gar die Arbeit einer Möbelfabrik handelt.

Bronzebeschläge

Bronzebeschläge haben immer die besten Möbel ausgezeichnet. Dabei ist heute eine gewisse Vorsicht geboten, denn ein Möbel, das mit **feuervergoldeten Bronzebeschlägen** ausgestattet ist, kann ebensogut die Kopie eines wertvollen darstellen. Für den Experten ist es leicht, den Unterschied sofort zu sehen, da die alten Beschläge sehr aufwendig nachziseliert, stellenweise blank poliert und mit dem Stichel so strukturiert sind, daß rauhe Stellen entstehen. Hier handelt es sich um eine Technik, die aus der Bildhauerei übernommen wurde, um dem plastischen Objekt noch mehr Kontrast durch Licht und Schatten zu verleihen. Besonderen Wert besitzen heute jene Jugendstilmöbel, die mit floralen Bronzebeschlägen verziert sind. Sie können in der Bewertung mit guten Beispielen aus der Rokokozeit konkurrieren. Da die Abformungsmöglichkeiten mit Silikonformen einfach und nahezu perfekt sind, werden heute alte Bronzebeschläge oft kopiert und an Möbeln angebracht, die ursprünglich gar keine Beschläge hatten. Selbst die Vergoldung muß nicht mehr, wie im 18. Jahrhundert, mit Feuer und Quecksilber vorgenommen werden, sondern kann auf galvanische Weise erfolgen. Die Abformmöglichkeit durch die Silikonmasse kann so genau sein, daß sogar alte Ziselierungen kopiert werden können. Oft ist die Nachbildung nur daran zu erkennen, daß Partien mitgegossen wurden, die ursprünglich nicht zu dem Beschlag gehörten, wie später in das Vorbild gebohrte Löcher oder eingeschlagene Nummern.

Rokoko

Charles X

Napoléon III

Biedermeier

Biedermeier

Jugendstil

Erscheinungsformen des Handarbeitstischchens

Ratschlag 3:

Kopien und Fälschungen

Kopien und Fälschungen gibt es ebenso lange wie es hervorragende Möbel gibt. Bereits im 18., vor allen Dingen im 19. Jahrhundert wurde oft kopiert. Wenn man beispielsweise zu einer kleinen Kommode ein Pendant brauchte, ließ man es vom Schreiner nachbauen.

Selbst in großen Sammlungen gibt es heute Stücke, die als Repliquen zu einem bedeutenden Möbel geschaffen wurden. In ihrer Qualität sind sie jedoch so perfekt nachgebildet, daß sie bereits einen eigenen Wert darstellen.

Eine der bekanntesten Kopien steht in London in der Wallace-Collection und ist dem von Oeben und Riesener geschaffenen »Bureau du Roi« – einem Schreibtisch für Louis XVI. – nachgebildet. Auch der in Abbildung ... gezeigte Bronzetisch gehört zur Kategorie der wertvollen Kopie wie auch das in Abbildung ... gezeigte Schreibsekretärchen im Louis-XVI-Stil, das erst vierzig Jahre später entstanden ist. Die Trennungslinie zwischen Kopie und Fälschung ist bisweilen schwer zu ziehen, wenn eine Kopie als Original ausgegeben wird.

Hier sind selbst Experten nur auf Vermutungen angewiesen, denn im Möbelbau läßt sich wesentlich mehr fälschen oder verfälschen als beispielsweise im Bereich Glas oder Porzellan.

Ein Möbel, das aus alten Hölzern ohne Zuhilfenahme moderner Werkzeuge nachgebaut wurde, ist äußerst schwer von seinem Original zu unterscheiden, wenn Meisterstempel und Inventarmarken angebracht wurden.

In einem solchen Falle spricht man von einer bewußten Fälschung und nicht mehr von einer Kopie, denn diese »auf alt« gemachten Möbel begnügen sich nicht mit einer Reproduktion der Erscheinung, sondern suggerieren eine echte historische Vergangenheit, um die es heute vielen Sammlern geht. Diesen Leuten hat der französische Schriftsteller André Mailfert in seinem Buch »Denn sie wollen betrogen sein« ein satirisches und groteskes Denkmal gesetzt. Selbst wenn in diesem Buch jeder Satz frei erfunden sein sollte, stimmen doch einige darin zitierte Namen, die das merkwürdige Abhängigkeitsverhältnis von Fälscher und Betrogenem charakterisieren.

Mailfert schildert in seinem Buch seine Werkstatt als einen Betrieb mit 150 Mitarbeitern. Im obersten Stockwerk des 3. Etagengebäudes waren die Patinierer untergebracht, während sich im Erdgeschoß Auslieferung und Möbelpackerei befanden. Waren die feinen Stilmöbel im dritten Stock fertig patiniert, wurden sie von dort aus dem Fenster direkt auf das Hofpflaster geworfen. Die Möbelpacker hatten dann die Aufgabe, die zerborstenen Möbel mit neuzeitlichen Nägeln, Leim und Streifen aus geschnittenem Dosenblech wieder zusammenzuflicken. Die nach allen Regeln der Kunst sorgfältig kopierten Möbel wurden mit den primitivsten Mitteln restauriert, nach dem Motto »So schlecht kopiert kein Fälscher – das Möbel kann nur original aus der Zeit stammen«. Nach einem Pflichtaufenthalt in einem eigens dafür eingerichteten Taubenschlag und einem feuchten Keller, damit das Holz den richtigen Modergeruch annehmen konnte, wurden die Stücke in den Handel weitergeleitet. Neue, provisorische Reparaturen, alte Materialien, alte und rostige Nägel, wurmstichige Hölzer suggerierten nach Wunsch und Bedarf Geschichte. Mit besonderer Liebe berichtet Mailfert von seinem »Staubarchiv«. In Flaschen abgefüllt, sammelte er Staub und Accessoires aus den verschiedensten Stilperioden. Ein vergessener Brief aus einem Geheimfach, etwas Papiergeld aus der ersten Republik, ein Stück Siegellack, eine Visitenkarte, ein altes Haar oder der Knopf eines Damenschuhs, der richtige Schlagstempel im Untergestell oder die an einer versteckten Stelle angebrachte Inventarmarke eines alten Schlosses bestärkten den Käufer in der Überzeugung, ein echtes Stück zu besitzen. **Solche Beweise überzeugen auch heute noch manchen Kunstliebhaber mehr als konstruktive Stilanalyse.** Es ist immer wieder festzustellen, daß eine große Anzahl von Antiquitätenliebhabern eher glauben will und sich scheut, die Sammlung unter nüchternen, naturwissenschaftlichen Gesichtspunkten zu analysieren.

Sind solche »perfekten« Möbelfälschungen für ernsthaft interessierte Sammler kaum ein Problem, so sind sogenannte **Verfälschungen,** bei denen ein echtes Möbel zugrunde liegt, durch Zutaten und Veränderungen zu einem wertvolleren umgewandelt, oft ein großes Problem, denn diese Praxis ist weit verbreitet und auch im rechtlichen Sinne schwer nachzuweisen, da es sich bei solchen Stücken zumindest teilweise um ein altes Möbel handelt.

Die Methode ist relativ einfach:

Beim Restaurieren und Überarbeiten eines alten Möbels wird aus einem vorher minderwertigen Stück ein hochwertiges Möbel gemacht. Aus einem zeitlosen, nüchternen Directoire-Kommödchen wird nach der Überarbeitung ein prunkvolles Louis-XVI-Stück. Aus einem häßlichen, schmucklosen Entlein, das jedoch im Kern erhalten bleibt, wird durch Auswechseln der Beine und durch nachträgliches Furnieren und durch vergoldete Beschläge ein ausgesprochenes Prachtstück von hoher Herkunft. Daß ein echtes Stück geopfert wurde, spielt angesichts des neu geschaffenen Wertes in den Augen des Händlers keine Rolle. In Deutschland ist es sehr beliebt, um nicht zu sagen üblich, einfache, unfurnierte Barockmöbel aus ländlichen Gegenden mit prunkvollen Furnieren, Beschlägen und Einlegearbeiten zu verschönern, um das Provinzstück in ein erstklassiges Möbel zu verwandeln.

Da die Nachfrage überaus groß ist, sind solche **Manipulationen** trotz hoher Schreiner- und Gießereikosten noch sehr lukrativ. Muß beispielsweise von einem geschnitzten Möbel ein Teil ergänzt werden, so ist das heute mit flüssigem Holz möglich, da gute Holzschnitzer selten geworden sind. Beize, Lack und Patina tragen weiter dazu bei, die Pfuschereien zu vertuschen.

Die Liste der Fälschungsmöglichkeiten im Möbelbereich ist endlos, und man kann davon ausgehen, daß inzwischen alle Kategorien von Möbeln kopiert, verfälscht und ergänzt sind. Der Kunstmarkt ist mit diesen »restaurierten« Möbeln durchsetzt, was sowohl für den Jugendstil mit seinen beliebten Gallé-Satztischen wie auch für das 18. Jahrhundert gelten kann, denn mit den steigenden Antiquitätenpreisen und der steigenden Nachfrage ist auch der Anreiz für Manipulationen wieder attraktiv geworden. Die Praxis zeigt, daß auch in der Antiquitätenbranche der Grundsatz »im Haushalt der Natur geht nichts verloren« angewendet werden kann. In jeder »Möbelruine« steckt noch ein Schatz, wenn man ihn nur zu heben versteht. Dabei müssen nicht einmal alte Möbelruinen vorhanden sein. Restauratoren und Imitatoren kaufen alte Dachstühle auf, um aus dem nachweislich hundert Jahre alten Rohstoff neue Unterkonstruktionen zu zimmern. Bestände einer alten Furnierfabrik mit guten, noch drei Millimeter dicken Furnieren sind heute ein Vermögen wert. Auch braucht man heutzutage nur **einen** guten Möbelbeschlag, um nach diesem Modell ganze Serien zu kopieren und nur einige handgesägte Bretter, um sie an kritischen Stellen gut sichtbar anzubringen, denn es hat sich inzwischen schon überall herumgesprochen, daß handgesägte Bretter

ein Indiz für frühe Herkunft sind. Dasselbe gilt für Marmorplatten, denn man weiß, daß die Deckplatten auf Kommoden im 18. Jahrhundert an der Hinterkante nicht mit der Maschine gesägt sind, sondern mit dem Hammer abgeschlagen wurden. Wie leicht es ist, den viel perfekteren Maschinenschnitt wieder auf »handgeschlagen« umzutrimmen, muß nicht erwähnt werden.

Die Liste, wie man **sichere Beweise** für Echtheit schafft, könnte beliebig fortgesetzt und nach Ländern aufgeschlüsselt werden, denn jedes Land und jedes Kunsthandelszentrum hat in bezug auf Fälschungen und Imitationstechniken seine eigene Tradition. Dies gilt für England, wo nach wie vor hervorragend im alten Stil gebaut und kopiert wird, wie auch für Frankreich, Deutschland und Italien. In diesem Punkt sollte der Sammler sehr nüchtern sein und illusionslos die Tatsachen hinnehmen.

Ratschlag 4:

Wie bestimmt man die Authentizität?

Wie das vorhergehende Kapitel gezeigt hat, kann es schwierig sein, ein authentisches Möbel von einer späteren Kopie oder einer Fälschung zu unterscheiden. Möbel aus dem 18. Jahrhundert sind, generell gesehen, sehr selten und teuer, im Gegensatz zu den im 19. Jahrhundert in großer Stückzahl angefertigten Kopien. Ob man nun von englischen oder französischen Möbeln ausgeht, kann man mit Sicherheit annehmen,

daß auf jedes alte Stück mindestens hundert später gebaute Möbel kommen. Dieses Verhältnis wirkt sich selbstverständlich auch im Preis aus. Da die alten Möbel ein Vermögen kosten, wird es für den interessierten Sammler mehr darauf ankommen, die Qualitätsunterschiede der im 19. Jahrhundert entstanden Stücke sehen zu lernen, denn auch dort gibt es gute und schlechte Beispiele, so daß man Möbel aus dem 19. Jahrhundert selbst wenn sie das 18. Jahrhundert imitieren, nicht ablehnen sollte. Im Gegenteil – hier gibt es Möglichkeiten zu guter, gewinnbringender Geldanlage, denn allein die sorgfältig handwerkliche und künstlerische Ausführung, sogar mit Hilfe moderner Maschinen, stellt einen guten **Gegenwert** dar. Einige dieser Stücke muß selbst der Fachmann mehrfach untersuchen, um sie genau datieren zu können. Wenn solche Kopien als Kopie verkauft werden und nicht als Originale, wird ihr Preis im Vergleich zum Stück aus dem 18. Jahrhundert noch verhältnismäßig akzeptabel bleiben. Inzwischen ist es notwendig geworden, zwischen Kopien des 19. und 20. Jahrhunderts zu unterscheiden, denn nach wie vor werden Möbel im Stil des 18. Jahrhunderts fabrikmäßig kopiert. Hier ist es notwendig, genauere Unterscheidungen zu treffen. Die Qualität des Holzes ist zu prüfen, die Qualität der Beschläge und alle übrigen Details. Moderne Beschläge stammen meistens aus der Massenproduktion. Sie sind zwar nach einem Original gegossen, jedoch selten nachbearbeitet und galvanisch vergoldet. Sie wirken, schon im Vergleich einer Kopie des 19. Jahrhunderts, tot und leblos. Sie stammen aus England, Frankreich, Spanien und Italien. Sie sind leicht zu identifizieren, da sie nur wie **Stilmöbel** wirken sollen, aber im Aufbau durchaus modern sind. Maschinengesägte Bretter, moderne Stahlschrauben, Schlösser und Sperrhölzer sind die simpelsten Identifikationsmerkmale.

Die Kopien aus dem 19. Jahrhundert haben oft eine solidere und technisch perfektere Verarbeitung als ihre Vorbilder. Dieser mit Hilfe der Technik mögliche Perfektionismus stellt einen Wert für sich dar, dient aber ebenfalls als Unterscheidungshilfe.

Sind Hölzer glatt mit der Maschine geschnitten, können sie nicht vor Mitte des 19. Jahrhunderts datiert werden, denn bis dahin hatte man die Hölzer mit der Hand gesägt, was auf der Oberfläche der Bretter unregelmäßige Spuren hinterläßt. Dies kann man leicht bei Schubladen oder Unterkonstruktionen feststellen. Alte Schlösser wurden ebenfalls meist ausgewechselt. Wenn man das Schloß abschraubt, wird man in den meisten Fällen Spuren im Holz, die von dem vorherigen Schloß sichtbar werden, entdecken. Die Aussparungen sind oft größer, so daß das neu eingebaute Schloß mit einigem Spielraum in der Vertiefung sitzt.
Altes Furnier läßt sich von neuem, wie in Ratschlag 1 beschrieben, leicht unterscheiden. Altes Furnier hat eine unregelmäßigere Oberfläche als das neue, mit der Maschine geschnittene.

Auch die **Verbindungsstellen** antiker Möbel sind von Hand gefertigt und weisen infolgedessen Unregelmäßigkeiten auf. So sind die Zinken einer **Schwalbenschwanzverbindung,** bei der die Schwalbenschwanzzapfen ineinander gesteckt werden, schmaler und längst nicht so gleichmäßig wie die maschinell hergestellten Verzahnungen.

Darüber hinaus gibt es bei jedem Möbel individuell verschiedene Hinweise auf **normale Alterung.** Bei Holz, das immer etwas ausbleicht, sind solche Stellen, an die keine Sonne gelangt, zum Beispiel unter den Messingbeschlägen oder an Oberkanten von Schubladen, etwas dunkler und noch in der Originalfärbung. Wie dieses Beispiel zeigt, ist es der Kombinationsgabe und der Logik des Prüfenden überlassen, Indizien herauszufinden, die für oder gegen ein frühes Entstehungsdatum sprechen.

Beize und Politur

Um die Schönheit der Maserung und die Zeichnung des Holzes hervorzuheben oder um den Farbton zu verändern, gibt es zahlreiche Verfahren, die neben dem ästhetischen Effekt dazu dienten, die Oberfläche des Holzes zu konservieren.

Heute jedoch muß man feststellen, daß die im 19. Jahrhundert gebräuchlichen Verfahren kaum noch ausgeführt werden. Auch hier hat der wirtschaftliche Zwang zur schnellen und wenig arbeitsintensiven Fertigung die bewährten alten Methoden vertrieben. Es ist kaum ein Schreiner zu finden, der nach alten Rezepten eine **Schellackpolitur** aufbringen kann. Stattdessen geht man immer mehr dazu über, speziell für die moderne Möbelindustrie verwendete Lacke auf alte Möbel anzuwenden. Sie sind kratz- und wärmefest und schützen vor Feuchtigkeitseinwirkung. Die neuartigen **Polyesterlacke** werden mit dem Pinsel oder mit der Spritzpistole aufgetragen und geben der Möbeloberfläche ein brillantes Aussehen. Daß dabei das Möbel für immer verdorben ist, fällt erst dann auf, wenn es später zum Restaurieren in die Hände eines wirklichen Fachmanns fällt. Der Polyesterlack ist mit keinem Lösungsmittel zu entfernen, bedarf andererseits aber auch nicht der Pflege wie die herkömmlichen Oberflächenpolituren.

Neben diesen Techniken, die man in Deutschland sehr häufig bei Barockmöbeln und solchen, die dafür gehalten werden, findet, trifft man in sehr vielen Antiquitätengeschäften auf Möbel, die einfach mit **Spirituslack** »aufgemöbelt« worden sind. Spirituslack ist leicht zu handhaben, denn er läßt sich mit synthetisch hergestelltem Schellack mischen und mit Benzin sogar tönen. In einem Arbeitsgang läßt sich mit dem Pinsel, mit einem Stoffballen oder auch mit Stahlwolle eine Oberflächenversiegelung erzeugen.

Schellackpolituren kamen zu Anfang des 19. Jahrhunderts in Mode. Der Rohstoff für den Schellack stammt von einer Ablagerung, die man auf indischen Baumarten findet. Sie ist das eingetrocknete Sekret verschiedener parasitärer **Gummilacklausarten.** Dieser pilzförmige Bewuchs wird abgekratzt, gereinigt und in geschmolzenem Zustand gesiebt und gefiltert. Handelsüblich sind getrocknete Platten oder Flocken, die in Spiritus gelöst zu einer Politur angesetzt werden können. Heute gibt es im Handel fertige Polituren zu kaufen. Um die Oberfläche zu polieren, wird die Politur mit einem in einer Stoffhülle steckenden Wattebausch aufgetragen, wobei die Flüssigkeit in die Watte gegossen wird, so daß sie durch den Stoff auf die Oberfläche gelangen kann. Unter gleichmäßigen, kreisenden Bewegungen wird die Politur eingerieben. Dieser Vorgang muß in zeitlichen Abständen mehrmals wiederholt werden, und zwar solange, bis ein tiefer, konstanter Glanz entsteht.

Schwarze Polituren verwendet man, um Ebenholz zu imitieren. Hierzu wird das Holz zunächst schwarz ge-

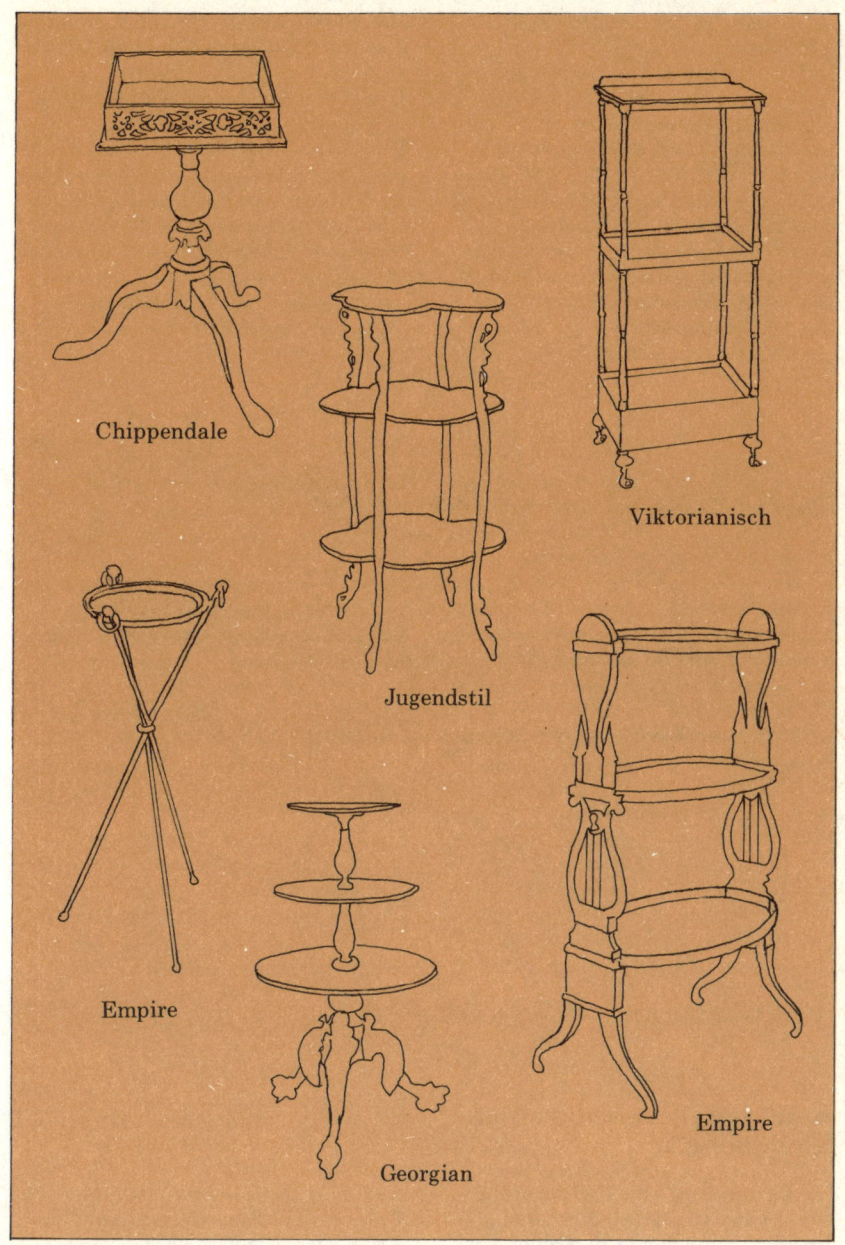

Chippendale

Viktorianisch

Jugendstil

Empire

Georgian

Empire

Erscheinungsformen der Etagère und Dumbwaiters

beizt, versiegelt, geglättet und abschließend poliert.

Der generelle Nachteil von Schellackpolituren ist die Empfindlichkeit gegenüber Wärme, Wasser und Alkohol. Insofern muß man sich bei der Restaurierung eines Möbels im klaren sein, ob man es stilgerecht poliert oder mit den heute angebotenen Kunstharzlacken so versiegelt, daß ein abgestelltes Glas keinen Rand erzeugt oder Wassertropfen nicht die Oberfläche angreifen.

Harthölzer wie Walnuß und Mahagoni wurden auch mit **Ölen** behandelt.

Leinöl wurde, ähnlich wie Schellack, in mehreren Arbeitsgängen in das Holz eingerieben. In dieses Öl kann man färbende Zusätze mischen, um ein Mahagoni nachdunkeln zu lassen oder um ihm eine warme Tönung zu verleihen. Schon Sheraton empfahl ein Gemisch aus Öl und Ziegelstaub, das in die Mahagoniflächen mittels eines Korkens eingerieben wird.

Bei der Beurteilung eines Möbels spielt die Erhaltung und der **sachgerechte Zustand** der Oberfläche eine große Rolle.

Nachträglich dunkel gebeizte Möbel sind mit Sicherheit weniger wert als noch helle, denn es ist unmöglich, bereits dunkel gebeiztes Holz wieder aufzuhellen. Ausgebleichtes Holz läßt sich hingegen wieder durch ein vorsichtiges Beizen und Polieren attraktiv auffrischen.

Polyesterlacke aus der **Spritzpistole** sollten einen Käufer zur Vorsicht mahnen.

Ratschlag 6:

Kauf und Bewertung eines Kleinmöbels

Die **Bewertung eines Kleinmöbels** hängt von zahlreichen Kriterien ab, die teilweise in den vorhergehenden Ratschlägen angesprochen worden

sind, hier aber nochmals summarisch aufgezählt werden sollten. Auf diese Kriterien sollte man achten, wenn man ein Möbel erwirbt.

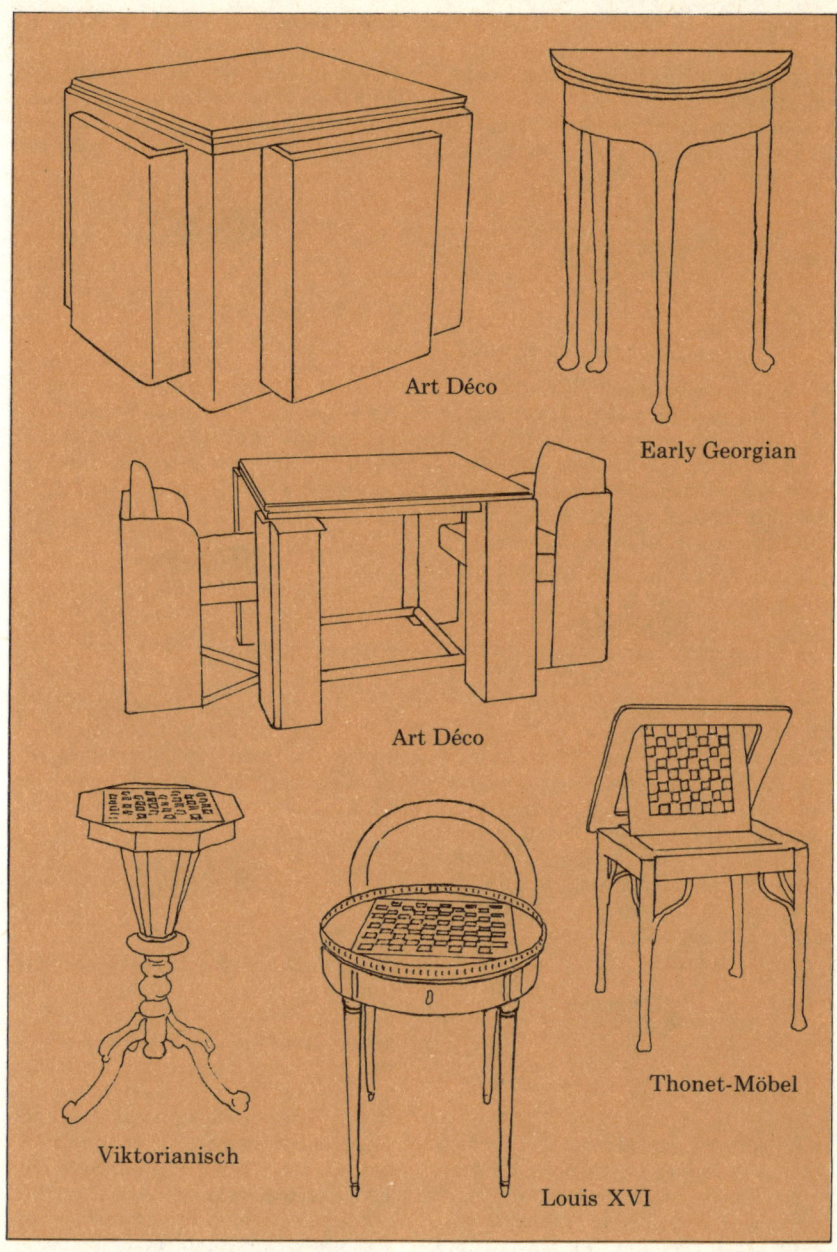

Art Déco

Early Georgian

Art Déco

Viktorianisch

Louis XVI

Thonet-Möbel

Erscheinungsformen des Spieltisches

1. Typ

Welchem Kleinmöbeltyp entspricht
das Stück?
Gehört es zu den klassischen Gattungen wie Bonheur du Jour, Dumbwaiter, Spieltisch?

2. Stil

Ist es stilrein oder gehört es einem
Übergangsstil an, zeigt es Formen,
die aus einem anderen Stil entlehnt
sind, ist es die Kopie eines Stils vergangener Zeit, handelt es sich um ein
Phantasiemöbel, das im großen Feld
der Stile eine Ausnahme bildet?

3. Linienführung

Trotz stilistischer Zuordnung kann
ein Möbel plump oder elegant ausfallen, auch dies spielt bei der Bewertung eine Rolle. Handelt es sich um
ein besonderes Stück oder die Arbeit
eines Provinzschreiners, um ein Serienprodukt oder um eine originelle
Eigenleistung?

4. Hölzer

Sind edle Hölzer verwendet, sind sie
in gutem Zustand, ist das Möbel furniert, ist es massiv, wird nur durch
Beize eine vornehmere Holzsorte vorgetäuscht? Sind die Hölzer von Hand
geschnitzt oder maschinell gefertigt?

5. Beschläge

Hat das Möbel Metallbeschläge?
Sind diese original aus der Zeit oder
später aufgesetzt, um dem Möbel ein
wertvolleres Aussehen zu verleihen?

6. Erhaltungszustand

Sind Partien restauriert oder sogar
ergänzt? Gibt es Sprünge und Risse,
die zugekittet sind und eigentlich
nicht mehr restauriert werden können? Handelt es sich um ein neueres
Möbel oder um eine Nachbildung?

7. Publikationen

Lassen sich vergleichbare Publikationen finden, die das Stück dokumentieren? Ist es ein typisches Stück seiner Gattung mit allen Merkmalen des
Stils?

8. Signaturen, Schlagstempel, Etiketten

Ist die Herkunft des Stückes nachweisbar durch eingeschlagene Stempel (nur bei französischen Möbeln),
durch Signaturen (hauptsächlich bei
Jugendstilmöbeln) oder durch Etiketten, die auf eine Möbelfabrik, ein
Einrichtungshaus oder ein altes Inventarverzeichnis verweisen?
Aus diesen Faktoren setzt sich der
Preis zusammen.

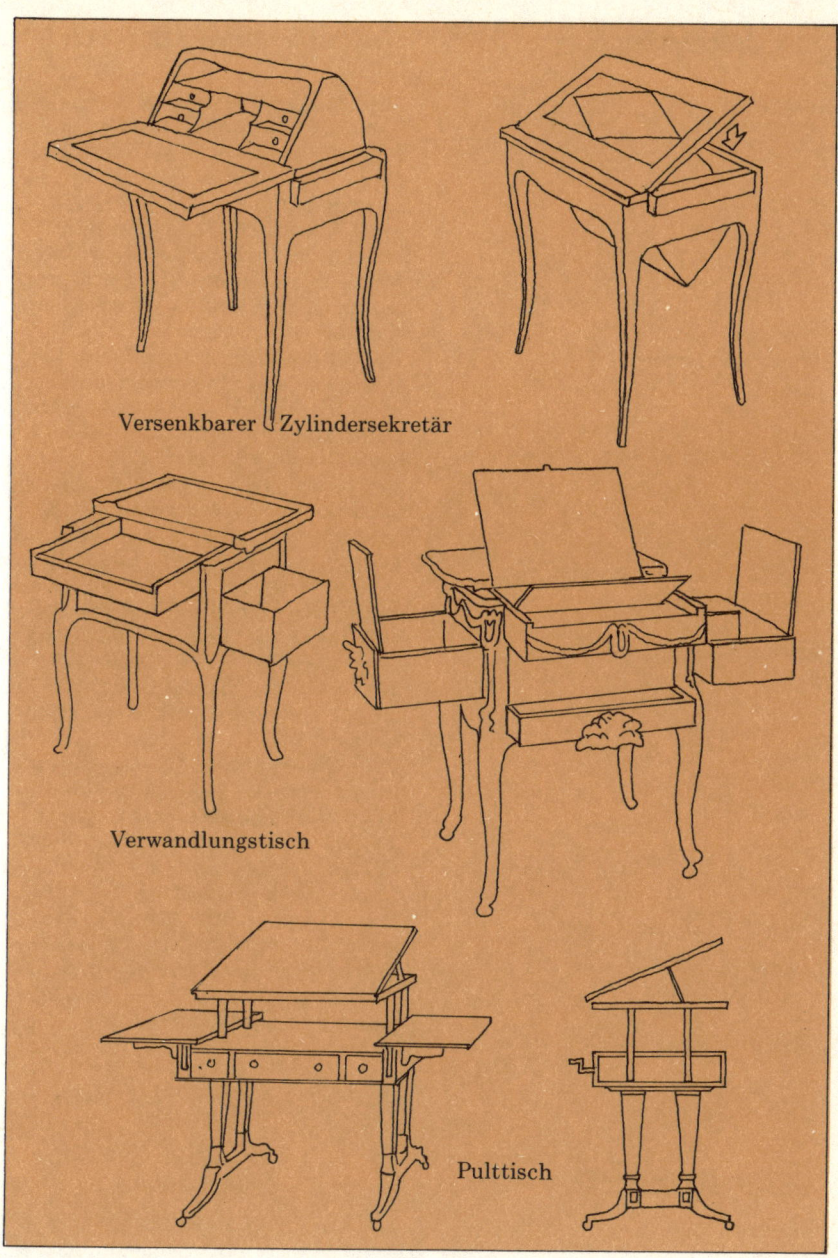

Versenkbarer Zylindersekretär

Verwandlungstisch

Pulttisch

Erscheinungsformen des mechanischen Möbels

18. Jahrhundert   Deutschland/Österreich

Rokoko

Auch in Deutschland und Österreich erreicht das **Rokoko** zwischen den Jahren 1720 und 1770 seinen Höhepunkt. Das kennzeichnende Gestaltungsmotiv ist hier, wie in Frankreich, die Muschelform – die **Rocaille.** Kennzeichnend für nahezu alle Möbel dieser Periode wird der bewußte Verzicht auf einen symmetrischen Aufbau.

Rokoko im süddeutschen Raum, in Österreich und Main-Franken ist eigenwillig verspielt und hat einen bisweilen stark volkstümlichen Einschlag.

Den französischen Vorbildern am nächsten ist das Rokoko in Preußen, das stark durch die Persönlichkeit Friedrichs des Großen (Sanssouci) beeinflußt wurde.

In Dresden gibt es in dieser Zeit hervorragende Lackmöbel, im Aachener/ Lütticher Raum auch Kleinmöbel aus Eichenholz mit Reliefschnitzereien. Sie stellen eine Sondererscheinung dar.

Die bedeutendste Kunsttischlerfamilie, die auch den **Übergang vom Rokoko zum Klassizismus** vollzieht, ist die Familie Roentgen, die in Neuwied am Rhein eine international bekannte Möbelmanufaktur unterhielt.

Zopfstil

Dem französischen Louis-XVI-Stil entspricht in Deutschland und Österreich der sogenannte **Zopfstil,** der jedoch wesentlich spröder als sein französisches Vorbild ausfällt.

19. Jahrhundert

Empire

Der **Empire-Stil** hat überall dort seine Auswirkung, wo man mit Napoleon sympathisiert.

18. Jahrhundert

Louis XV

Frankreich

Louis XV (ungefähr 1720–1760)
nennt man in Frankreich den Rokokostil. Er bringt eine bis dahin noch
nicht dagewesene Verfeinerung des
Geschmacks. Die Möbel sind organisch modelliert und so kunstvoll geschwungen, daß man kaum erkennen
kann, wie sie konstruiert wurden, zumal die Oberflächen mit feinen Edel-
holzfurnieren überzogen wurden.
Mit der allgemeinen Geschmacksver-
feinerung kommen vor allen Dingen
Kleinmöbeltypen in Mode: das **Bonheur du Jour** (der kleine Damenschreibtisch), **die Poudreuse** (der
Toilettentisch mit aufklappbarem
Spiegel), **die Travailleuse** (ein kleiner Nähtisch mit Ablageflächen).

**Übergangsstil Louis XV/Louis
XVI**

Louis XVI

Directoire

Nach einer Periode des Übergangs
folgt der **Louis-XVI-Stil** (ungefähr
1770–1790), der die Möbelformen
nach klassischem Vorbild bevorzugt.
Die Beine sind gerade, die Umrisse
oft rechteckig, im Gegensatz zum geschweiften Rokoko. Nach der Revolution folgt der **Directoirestil** – eine
Art Vorempire – der versucht, sich
vom Ancien Regime abzusetzen. Der
Directoirestil steht unter starkem
Einfluß der Antike und bevorzugt
einfache, klare Formen.

19. Jahrhundert

Empire

Charles X

Absolutistisch wie der Louis-XIV-
Stil zeigt sich auch der **Empirestil,**
der zum offiziellen Stil der Ära Napoleon wurde. Hier wurde versucht, mit
humorlosem Ernst die Antike zu kopieren. Der vorhergegangene Louis-
XVI-Stil wirkt im Vergleich wie eine
verspielte Geste.
Dem Empire folgt der Stil **Charles
X,** der in mancher Hinsicht, vor allem wegen seiner hellen Hölzer, dem
deutschen Biedermeier ähnlich sieht.

19. Jahrhundert   Deutschland/Österreich

Biedermeier

Der beliebsteste Stil im 19. Jahrhundert wurde für den Bereich Deutschland/Österreich das **Biedermeier.** Er ist Inbegriff schlichter, aber behaglicher, bürgerlicher Wohnkultur. Seine Blütezeit erlebte er zwischen 1825 und 1848. Die Schönheit der Biedermeiermöbel beruht auf einer **schlichten Formgebung** und der Wirkung des polierten Holzes (Kirsche, Birnbaum, Esche, Birke und Mahagoni).

Wiener Barock

Charakteristisch sind kleine Handarbeitstischchen und Schreibsekretäre. Mitte des Jahrhunderts löst der sogenannte **Wiener Barock** das Biedermeier ab – ein Stil, der harmonische Schwingungen liebt und mit den späteren **Stilkopien** nicht zu verwechseln ist.

Gründerstil

Das 19. Jahrhundert endet in Deutschland wie im übrigen Europa mit den sogenannten »**Neostilen**«: Neorenaissance, Neogotik und Neobarock. Es handelt sich um Stilimitationen, die hauptsächlich während der Gründerzeit nach 1871 die bürgerliche Wohnkultur bestimmen.

20. Jahrhundert

Jugendstil

Der **Jugendstil** in Deutschland ist nicht so ausgeprägt wie in Frankreich. Er bleibt ein Avantgardestil, der in seinen besonderen Leistungen bereits die zwanziger Jahre vorwegnimmt.
Bis 1914 hält der Stilmöbeltrend an. Vor allen Dingen sind Mischstile wie Neobiedermeier nach 1900 sehr beliebt.

Bauhaus/Neue Sachlichkeit

Eine Revolution im Möbelbau stellen die **Produkte des Bauhauses** dar. Sie sind Wegbereiter für ein sozial engagiertes Industriedesign.
Einen Art-Déco-Stil wie in Frankreich hat es in Deutschland nicht gegeben.

19. Jahrhundert

Frankreich

Louis Philippe

Die Tendenz zum Wohnlichen wird im darauffolgenden **Louis-Philippe** noch betont. Die Möbel sind robust, einfach und komfortabel und im wohnlichen Sinne funktionell. In der Bürgerlichkeit weist dieser Stil ebenfalls Parallelen zum deutschen Biedermeier auf.
Die zweite Hälfte des Jahrhunderts steht unter den Vorzeichen eines pompösen, bürgerlichen Wohnstils. Die Ideale wie Einfachheit und Funktionalität scheinen dem Repräsentationsanspruch des Bürgertums gewichen zu sein. Der Stil bis 1871 wird als zweites Kaiserreich oder als

Napoleon III/Second Empire

»Style Napoléon III« bezeichnet. Es dominieren dunkle Hölzer wie auch Möbel, die sich an den schweren Kreationen der französischen Renaissance (Henri II) orientieren. Der aufwendige, maschinengedrechselte Zierat verdrängt die subtile Schnitzerei aus der Hand des Kunsttischlers. Schwarze **Boullemöbel** mit bereits mechanisch gestanzten Messingeinlagen und synthetischem Schildpatt erinnern an die große Zeit des Sonnenkönigs und seinen Hofebenisten Charles André Boulle.

20. Jahrhundert

Einen pompösen Abschluß findet das 19. Jahrhundert in Frankreich, im Gegensatz zur Entwicklung in Deutschland, Österreich und England, im **Jugendstil.** Er wird hier

Art Nouveau

zum pompösen Abschluß der **Belle Epoque.** Zu sehr ergeht er sich in Blumenformen, schönen Frauengestalten und anderen, der Natur entlehnten Traummotiven, als daß er die Kraft gehabt hätte, einen Weg ins zwanzigste Jahrhundert zu weisen, das vom Möbel eine soziale Einbindung verlangt.

Art Déco

Auch der **Art-Déco-Stil** in Frankreich ist zu bourgeois, als daß er hätte zukunftsweisend werden können.

18. Jahrhundert

England

Georgian

In England beginnt das 18. Jahrhundert mit dem »**Early Georgian**«. Es fällt in die Regierungszeit Georgs I. (1714–1727). Ab 1730 wird das Nußbaumfurnier durch das Mahagoni abgelöst. Mode werden die von China inspirierten Claw-and-ball-feet (geschwungene Füße, die in einer, eine Kugel umschließenden Klaue auslaufen). Zwischen 1740 und 1770 ist **Thomas Chippendale** der große Schreiner, der die Möbelmode bestimmt, die zeitlich etwa unserem Rokoko entspricht. Chippendale verstand es, die verschiedenen Stiltendenzen zu einem eigenständigen Ausdruck umzusetzen. Bei seinen Möbeln verschmelzen Chinoiserie, gotisierende Motive und Rocaillen, wie sie der französische Rokokostil hervorgebracht hat. Später folgt auch er der Tendenz zur klassischen Strenge.

Late Georgian

Mit Veröffentlichungen von Entwürfen für brauchbare Zweckmöbel setzten **George Hepplewhite** und **Thomas Sheraton** neue Prämissen zur Sachlichkeit. Ihr Stil basierte auf einem schlichten Klassizismus und hatte großen Einfluß auf die Entwicklung des strengen und sachlichen Möbelentwurfs.

19. Jahrhundert

Regency

Die **Regency-Periode** (1811–1820) ist eine der kreativsten in Englands Möbelgeschichte. Hier kommen Weltoffenheit, Intellektualität und Kunstsinn zu einer geistreichen Synthese. Auf phantastische Weise wird im Regency-Stil der später nur noch pompöse Historismus interpretiert.

Previctorian

Eine in England seit dem späten 18. Jahrhundert immer wieder auftretende Idee ist die Neubelebung der Gotik. **Neugotik** hat hier nicht nur einen gründerzeitlichen, sondern auch einen zutiefst romantischen Aspekt.

19. Jahrhundert

Victorian

England

Vollkommen im Plüsch erstickt der spätere, viktorianische Stil, der unter Königin Viktoria (1837–1901) das 19. Jahrhundert bestimmte. Die lange Regierungszeit dieser Monarchin prägte das »viktorianische« England. Der Möbelstil pendelte zwischen einer Zweckmäßigkeit, die im Bürgerlichen verankert war, wie auch zwischen einer Prunksucht, die ebenfalls eine Ausdrucksform des bürgerlichen Lebensgefühls war. Was in Frankreich das zweite Kaiserreich (Napoléon III) und in Deutschland der wilhelminische Stil (Gründerzeit) war, wurde in England mit dem weiten Begriff »**Victorian**« umschrieben.

20. Jahrhundert

Edwardian

Art Nouveau

»**Edwardian**« ist die Stilbezeichnung für den Zeitraum zwischen 1901 und 1910.
Tendenzen zu einem **reformerischen Jugendstil** hat es in England mehrere Jahrzehnte vorher bereits gegeben **(Arts and Crafts Movement und Morris-Stil).** Die Möbelproduktion der edwardischen Epoche ist nicht immer mit stilreinem Jugendstil identisch, jedoch angenehm bürgerlich und elegant.
Intensiver hat sich das Londoner Kaufhaus Liberty dem **Jugendstil** verschrieben, das wohl am meisten das Gesicht des englischen Jugendstils geprägt hat.

Art Déco

Unter Vorbehalt kann man in England von einem **Art-Déco-Stil** sprechen. Dafür stehen in Wurzelholz furnierte Cocktail Cabinets, kleine Zierschränke, die aussehen wie Gehäuse von Radioapparaten, Satztische, Möbel aus Stahlrohr sowie Möbel mit Spiegelglasverkleidung. Die englischen Art-Déco-Möbel erreichen allerdings nicht die schöpferische Eigenständigkeit und Vielfalt wie in Frankreich.

Literaturempfehlungen

Thomas Sheraton
Cabinet Dictionary
London 1903

Alphabetisch geordnete Möbeltypologie und Möbelkunde mit zahlreichen, sehr informativen Abbildungen. Dieses Buch wurde zur wichtigsten Informationsquelle für die Schreiner im frühen 19. Jahrhundert und ist bis heute als Möbelkunde nicht überholt.
Dem Interessierten sei eine in den USA als Reprint erschienene Ausgabe empfohlen. (englisch)

Thomas Sheraton
Cabinet-Maker and Upholstery's
Drawing Book
3. Auflage
London 1802

Zeichenlehrbuch für den Möbelentwerfer mit Beispielen, wie man perspektivisch zeichnet und Möbelaufrisse konstruiert sowie zahlreiche Typenbeispiele. Dieses Buch ist ebenfalls als Reprint in den USA erschienen. (englisch)

André Roubo
L'Art du Menuisier
Partie III
Paris 1772

L'Art du Menuisier ist das bedeutendste Standardwerk über alle Bereiche der Kunsttischlerei, angefangen vom Kutschenbau über Türfüllungen bis zum Möbelbau. Das 6bändige, großformatige Werk ist sehr selten und in den größten Bibliotheken, wenn überhaupt, nur mit Sondergenehmigung einzusehen. (französisch)

Claude Wiegandt
Comment reconnaître Les Styles
du Mobilier
Paris 1966

Didaktisch sehr gut aufgebautes Möbelbuch, das mit zahlreichen Bild- und Textbeispielen alles vermittelt, worauf es bei der Stilbestimmung ankommt. (französisch)

H. Kreisel
Die Kunst des deutschen Möbels
3 Bände
München 1968–73

Umfangreiches, aber etwas schwerfälliges Standardwerk über die Entwicklung der deutschen Möbel.

S. de Plas
Les Meubles à Transformation et
à Secret
Paris 1976

Kompetente und geistreiche Abhandlung über die Verwandlungs- und Zaubermöbel mit interessanten, wenig bekannten Beispielen. (französisch)

Literaturempfehlungen

Guillaume Jeaneau
Le Meuble leger en France
Paris 1952

Ein Buch über Kleinmöbel vom größten Möbelspezialisten Frankreichs geschrieben; es ist 1977 unter dem Titel ›Le Petit Meuble‹ in abgeänderter Form neu erschienen. Beschrieben und abgebildet sind jedoch nur französische Beispiele. (französisch)

F. J. B. Watson
Furniture
Katalog der Wallace Collection
London 1956

Wissenschaftlich fundierter Möbelkatalog, der anhand der in der Wallace Collection gesammelten Stücke zeigt, wie man Möbel wissenschaftlich katalogisiert. Zu jedem dort abgehandelten Stück sind alle in anderen Sammlungen oder von Auktionen bekannten Objekte als Vergleich angegeben. (englisch)

Das große Buch vom Holz
München 1977

Deutsche Lizenzausgabe eines gut aufgemachten, englischen Bildbandes, der alles über Eigenschaften und Techniken des Holzes vermittelt. Dieses Buch sollte im Besitz jedes echten Möbelsammlers sein.

Renate Dolz
Möbel-Stilkunde
München 1968

Übersichtliche Möbelstilkunde in Taschenbuchausgabe, die einen guten generellen Überblick von der Antike bis zum Jugendstil vermittelt.

Albrecht Bangert
Thonet Möbel
München 1979

Dieses Taschenbuch gibt eine umfassende Übersicht zur Möbelproduktion in der Bugholztechnik.

John Gloag
A Short Dictionary of Furniture
London 1969

Ein Möbellexikon mit über 2600 Stichwörtern und über 1000 Abbildungen. (englisch)

Sammlungen und Museen

Museen mit Möbelsammlungen sind sehr zahlreich, so daß hier nur einige stellvertretend genannt werden sollen. Jedes Stadt- und Heimatmuseum sammelt Möbel, so daß es empfehlenswert ist, auch dort auf Entdeckungsreisen zu gehen und Studien zu betreiben. Oft lohnt sich schon der Besuch wegen eines Möbelstückes. Ganz einmalig jedoch sind große Sammlungen wie die Wallace Collection in London oder die Frick Collection in New York.

AMERIKA

New York: Metropolitan Museum of Art, Fifth Avenue/82nd Street

Frick Collection
70th Street (Sammlung des Stahlindustriellen Henry C. Frick mit einer bedeutenden Abteilung für Möbel des 18. Jahrhunderts)

DEUTSCHLAND

Frankfurt: Museum für Kunsthandwerk, Schaumainkai 15

Hamburg: Museum für Kunst und Gewerbe, Steintorplatz 1

München: Bayerisches Nationalmuseum, Prinzregentenstraße 3

Residenzmuseum, Max-Joseph-Platz 3

Münchner Stadtmuseum, St.-Jakobs-Platz 1

Frankenberg/Eder: Thonet-Museum Frankenberg (Firmenmuseum der Thonet AG)

ENGLAND

London: Wallace Collection, Manchester Square

Victoria & Albert Museum, South Kensington

Bethel Green Museum, Cambridge Heath Rd.

FRANKREICH

Paris: Musée Nissim de Camondo, 63 Rue de Monseau

Musée des Arts Décoratifs, 107–109 Rue de Rivoli

Musée du Louvre, Palais du Louvre

Nancy: Musée de l'Ecole de Nancy, 36–38 Rue du Sergeant Blandan

HOLLAND

Amsterdam: Rijksmuseum, Stadhouderskade 42

ÖSTERREICH

Wien: Bundessammlung alter Stilmöbel, Mariahilfer Str. 88

Österreichisches Museum für angewandte Kunst, Stubenring 5

Auktionshäuser mit Möbelauktionen:

Sotheby-Parke-Bernet, 34–35 New Bond Street, London W 1.
Bei Sotheby werden bisweilen bedeutende Möbelsammlungen aus dem 18. Jahrhundert versteigert. Die aus diesem Anlaß herausgegebenen Kataloge sind bedeutende Motivsammlungen und Bestimmungshilfen. Wichtig für jemand, der für den Hausgebrauch schöne Möbel kaufen will, ist Sotheby's Dependance:

Sotheby's Belgravia, 19 Motcomb Street, London SW 1.
Hier werden Möbel der viktorianischen Epoche, des Jugendstils und des Art Déco regelmäßig versteigert. Die Kataloge können abonniert werden und geben ein gutes Stilpanorama ab. Hier findet man alles, vom imitierten Boullemöbel über englische Jugendstilmöbel bis zu französischen Kleinmöbeln des Art Déco.

Christie Manson & Woods, 8 King Street, St. James's, London SW 1.
Auch Christie's versteigert in seinen zahlreichen Niederlassungen wertvolle Möbel des 18. Jahrhunderts. Entsprechend der Sotheby Dependance in Belgravia hat Christie's eine Zweigstelle in South Kensington, die sich mit dem 19. Jahrhundert und dem frühen 20. Jahrhundert beschäftigt: **Christie's South Kensington, 85 Old Brompton Rd.** Hier kann der Liebhaber alles finden, was sein Herz begehrt, zumal das Angebot ständig wechselt und man hier noch echte Gelegenheiten ersteigern kann.

Sehr attraktive Auktionshäuser sind in Wien das **Dorotheum, Dorothea-Gasse 11** und in Paris das **Hôtel Drouot** im ehemaligen **Gare d'-Orsay.**

Der Kenner wird zwar sagen, daß beide Häuser nicht mehr das sind, was sie einmal waren: Wahre Fundgruben, wo man für lächerlich wenig Geld hervorragendes Mobiliar ersteigern konnte. Heute sind beide Institutionen zwar sehr sehenswert, jedoch schon deshalb teuer geworden, weil sich hier Zwischenhändler zu überbieten beginnen und Preise erzielt werden, die weit höher sind als in manchem Antiquitätengeschäft. Über die Aktivitäten deutscher Auktionatoren berichtet regelmäßig die Zeitschrift **WELTKUNST.** Im internationalen Vergleich wird man jedoch feststellen, daß in Deutschland durch die Kriege längst nicht so viele alte Stücke angeboten werden wie in Frankreich und England.

Register

Register

BILDNACHWEIS

London
Wallace Collection: 20/26/27/28/
32/46/47/54/55/56
Sotheby's: 2/3/18/20/21/22/24/
29/30/31/33/34/36/37/38/39/43/
44/45/48/49/50/58/59/60/68/144/
156/157
Sotheby's Belgravia: 79/80/101/
102/104/105/106/107/114/115/
118/119/121/122/123/124/140/159
Christie's: 66/72/73/74/75/76/77/
78/93/94
Victoria and Albert Museum:
7/8/15/16/19/40/41/42/52/53/57/
61/62/63/64/65/69/70/71/81/141/
142

München
Galerie Carroll: 12/13/14/83/90/
91/92
Antiquarius: 103/108/109/110/
111/112/117/120/125/126/127/
128/133/134/147/148/154/155/158
Stadtmuseum München: 1/97/116

Hamburg
Galerie XX: 139
Kunsthandel von Seld: 143/145/146
Sammlung Klaus Recht: 152

Frankenberg
Thonet Museum: 100/113/130/
131/135

Köln
Antiquitätenhandel: 5

Zeitgenössische Publikationen:
4/9/10/11/23/51/67/82/84/85/86/
87/88/89/96/98/99/129/132/136/
137/138/149/150/151